S. Tritschler

Bewegung Kunterbunt

Spiel und Sport für behinderte und nichtbehinderte Kinder

SPORTJUGEND HESSEN

Tips 5

Reihe der Sportjugend Hessen im Landessportbund Hessen e.V. für die Mitarbeiterinnen und Mitarbeiter in der Kinder- und Jugendarbeit der hessischen Sportvereine.

Bewegung Kunterbunt

Spiel und Sport für behinderte und nichtbehinderte Kinder

Autorinnen: Annette Krawietz
Christine Krawietz
Marianne Rohr

Illustration: Alexandra Lindner
(Titel und Gesamtillustration)

Annette Krawietz
(Zeichnungen zu Geräte-Arrangements)

Redaktion: Marianne Rohr, Susanne Kupper

1997
ISBN 3-89280-006-5

12. Auflage

Herausgeberin:
SPORTJUGEND HESSEN
im Landessportbund Hessen e.V.
Otto-Fleck-Schneise 4
60528 Frankfurt am Main
Fax.: 069/69590175
email: info@sportjugend-hessen.de

Caro-Druck GmbH Frankfurt
Frankfurt am Main, November 1997

Gedruckt auf 100% Recyclingpapier.

INHALT

SEITE

1. THEORETISCHE GRUNDLAGEN

Vielfältige Bewegungserfahrungen im Kindesalter sind wichtige Grundlagen für die gesamte Persönlichkeitsentwicklung von Kindern. Der natürliche Bewegungsraum wird jedoch im heutigen Lebensalltag von Kindern immer mehr eingeschränkt.

Hier sind Institutionen wie Kindergärten und Schulen sowie Sportvereine und andere Freizeiteinrichtungen gefordert, entsprechende Bewegungsaktivitäten zu ermöglichen. Sportartspezifische Angebote sind in hohem Maß vorhanden, doch wird auch die Nachfrage nach **Freizeitsportangeboten** mit vielfältigen Bewegungsaktivitäten immer größer.

Durch die offene und differenzierende Form von Inhalten, Organisationsformen und Methoden der Freizeitsportangebote ist diese Form des Sporttreibens sehr gut geeignet, um auf besondere Bedürfnisse von Menschen mit Behinderungen einzugehen. Dies zeigt sich immer wieder in bestehenden **integrativen Freizeitsportgruppen** - auch **Integrationssportgruppen** genannt - in denen behinderte und nichtbehinderte Kinder oder Jugendliche gemeinsam Sport treiben.

Im Rahmen eines Integrationssport-Projektes, das die Sportjugend Hessen in der Zeit vom 1.10.1987 bis 30.9.1989 durchführte, wurden integrative Freizeitsportgruppen in verschiedenen Altersgruppen aufgebaut und begleitet. Die Auswertung des Projektes bestätigte die o.g. Tendenzen.

Bei den vom Projekt angebotenen Fortbildungsveranstaltungen für Mitarbeiterinnen und Mitarbeiter in integrativen Freizeitsportgruppen wurde deutlich, daß die Auswahl geeigneter Spiel- und Bewegungsangebote aus der vorliegenden Fachliteratur zur Gestaltung der Sportstunden von Übungsleiterinnen und Übungsleitern einen großen Zeitaufwand erfordert.

Mit der vorliegenden Broschüre soll dem vielfach geäußerten Wunsch entsprochen werden, Spiel- und Bewegungsangebote zusammenzustellen, die sich in der Praxis bewährt haben.

Die aufgeführten Gestaltungsvorschläge wurden von zwei Sportwissenschaftlerinnen zusammengetragen, die seit über zehn Jahren als Übungsleiterinnen in Turnvereinen und anderen Einrichtungen tätig sind und auf eine breite Erfahrung in der Arbeit mit Kindern in allgemeinen Turngruppen und integrativen Freizeitsportgruppen zurückgreifen können.

Im ersten Teil der Broschüre werden nach einer kurzen Einführung zu dem zugrundeliegenden **Verständnis von integrativem Freizeitsport pädagogische Prinzipien** und **organisatorische Voraussetzungen** zur Durchführung von Freizeitsportangeboten vorgestellt.

Im zweiten Teil wird ein bewährtes Raster zum Aufbau von Sportstunden vorgestellt.
Auf der Grundlage dieses Rasters sind anschließend entsprechende **Spiel- und Bewegungsvorschläge** thematisch geordnet aufgeführt.
Die meisten Übungen sind auf die Altersgruppe der 3 - 8 jährigen Kinder abgestimmt. Mit ein wenig Phantasie und entsprechenden Variationsformen können die Beispiele auch für ältere Kinder und Jugendliche attraktiv gestaltet werden.
Diese Anregungen lassen sich beliebig miteinander kombinieren und sind als Bausteine zu verstehen, um die Sportstunden für die eigene Gruppe zu planen. Jede Gruppe, jedes Kind und jede Situation hat ihre Besonderheit. Die Planung der Sportstunden muß auf die individuellen Gegebenheiten bezogen werden.

Im dritten Teil der Broschüre wird eine Auswahl von Spiel- und Bewegungsangeboten speziell für ältere Kinder (ca. ab 8 Jahren) vorgestellt, die deren sich mit zunehmendem Alter verändernden Bewegungsinteressen berücksichtigen.

Diese Broschüre soll dazu beitragen, Bewegungsfreude wieder stärker erlebbar werden zu lassen.

☆ Warum integrativer Freizeitsport?

Über Bewegung erobern sich Kinder im frühesten Alter ihren Lebensraum. Durch das gemeinsame Spielen und Erproben neuer Bewegungsmöglichkeiten mit anderen Kindern lernen sie sich und ihre Fähigkeiten besser kennen und erproben im Spiel Regeln des Miteinanderumgehens und des gemeinsamen Handelns. Sport, Spiel und Bewegung haben somit auch eine besondere Bedeutung für behinderte Kinder. Sie sind meist in ihrer Bewegungsfähigkeit eingeschränkt und haben weniger soziale Kontaktmöglichkeiten, wenn sie von den sog. nichtbehinderten Kindern isoliert in Sondereinrichtungen betreut werden. Durch weniger Begegnungsmöglichkeiten im Alltag fehlt die Möglichkeit, voneinander zu lernen und einen ungezwungenen Umgang miteinander zu entwickeln. So entstehen Unsicherheiten und Hemmschwellen, die sich mit zunehmendem Alter immer mehr verfestigen.

In den letzten Jahren wurden zunehmend integrative Gruppen in Kindergärten und integrative Klassen in Grundschulen eingerichtet, um diesen Tendenzen entgegenzuwirken und gemeinsame Lebens- und Lernfelder für behinderte und nichtbehinderte Kinder zu schaffen. Diese Angebote müssen im Freizeitbereich ihre Fortsetzung finden.

Bewegung ist das ursprünglichste Kommunikationsmittel. Über gemeinsame lustbetonte Bewegungserlebnisse kommen Kontakte zwischen Menschen, die sich zunächst fremd sind, sehr schnell zustande. Hier setzen integrative Freizeitsportgruppen an. Diese Angebote sportartübergreifender, vielseitiger, erlebnisreicher Bewegungsaktivitäten orientieren sich nicht - wie im traditionellen Sport - an festgefügten Regeln und Wettkampfnormen, sondern an den Bedürfnissen und Fähigkeiten der Teilnehmerinnen und Teilnehmer.

Je jünger die Kinder sind, desto weniger Vorurteile haben sie gegenüber Menschen, die anders aussehen oder sich anders verhalten als sie selbst. Durch ihre Unbefangenheit und Aufgeschlossenheit gegenüber neuen Kontakten ist in bestehenden Integrationssportgruppen zu beobachten, mit welch faszinierender Selbstverständlichkeit sie mit der Behinderung ihrer Freunde umgehen. Kinder mit Bewegungs- oder Verhaltensauffälligkeiten werden in der Regel rasch akzeptiert. So ist es sinnvoll, wenn schon kleine Kinder in einem Sportverein, der sich in ihrer vertrauten Wohnumgebung befindet, ein entsprechendes Freizeitsportangebot wahrnehmen können.

Der verstärkte Ausbau von Freizeitsportangeboten wird angesichts der heutigen Bedingungen im Lebensalltag von Kindern immer wichtiger. Beengte Wohnverhältnisse, ständig wachsender Verkehr, das Ruhebedürfnis streßgeplagter Erwachsener, zu große Gruppen in Kindergärten und Schulen bei gleichzeitig beengten Räumlichkeiten schränken den Bewegungsdrang von Kindern ein und lassen ursprüngliche Bewegungs- und Spielerfahrungen immer weniger zu.

Bewegungsmangel gilt als wesentliche Ursache von gesundheitlichen Störungen. Zunehmend wird Bewegungsmangel - bei gleichzeitiger Reizüberflutung durch die Anregungen der Medien und die Fülle von Spielmaterialien - auch als Ursache und Ausdruck psychosozialer Probleme erkannt.
Sind in den ersten Lebensjahren Bewegungserfahrungen eingeschränkt, fehlen dem Kind wichtige Entwicklungsreize, ohne die es häufig zu Bewegungsunsicherheiten oder - auffälligkeiten kommt.
Das Selbstwertgefühl von Kindern ist fast immer an ihre körperlich-motorischen Fähigkeiten geknüpft. Sie müssen die Möglichkeiten haben, ihre Fähigkeiten auszuprobieren und eigene Leistungsziele zu setzen, um ein gesundes Selbstwertgefühl zu entwickeln und sich mit Anforderungen aus der Umwelt auseinandersetzen zu können. Der Ausbau von Bewegungsangeboten, bei denen die Bewegungsvielfalt im Mittelpunkt steht, dem kindlichen Bewegungsdrang Raum gegeben und die Bewegungsfreude gefördert wird, ist deshalb für alle Kinder wichtig.

☆ Prinzipien zum Aufbau einer Freizeitsportstunde

Innere Differenzierung durch vielfältige, erlebnisreiche Bewegungsaktivitäten, u.a.:

- sportartübergreifende Spielangebote mit abwandelbaren Regeln,
- Einsatz vielfältiger Materialien und Sportgeräte,
- Gerätekombinationen,
- Spiel- und Bewegungsstationen,
- Spiele zur Körpererfahrung, Materialerfahrung und Sozialerfahrung.

Orientierung des Angebotes an den Bedürfnissen und Fähigkeiten der Gruppenmitglieder, u.a. durch:

- offene Bewegungssituationen mit variablen Schwierigkeitsgraden,
- gezielte Unterstützung der Kinder bei selbstgewählten Bewegungsaufgaben,
- Einbeziehung von Spiel- und Gestaltungsvorschlägen der Kinder,
- Förderung der Eigenaktivität der Kinder,
- Ermöglichung von Erfolgserlebnissen durch individuelle Leistungssteigerung.

Förderung kooperativer Prozesse, u.a. durch:

- Bewegungsaufgaben,
- gemeinsame Spiele/Staffeln mit Regelvariationen.

Wechsel von Anspannung und Entspannung, u.a. durch:

- erlebnisorienierte, bewegungsintensive Aktivitäten,
- ruhige, konzentrierte Einheiten, Wahrnehmungsspiele,
- Entspannungs-Übungen,
- Einbeziehen von Elementen aus Rhythmik, Musik, Pantomime, Akrobatik.

Orientierungsrahmen schaffen

Beim Planen von Bewegungsstunden ist die Schaffung eines klaren Orientierungsrahmens sehr wichtig (vgl. Raster zum Stundenaufbau). Materialangebote, Spiel- und Übungsvorschläge müssen von den Übungsleiterinnen und Übungsleitern vorbereitet sein, doch können die Aktivitäten der Kinder nicht von Anfang bis Ende vorstrukturiert werden. Innerhalb dieses Rahmens können die Kinder entscheiden, wie sie Bewegungsideen individuell umsetzen bzw. weiterentwickeln wollen. Freies Bewegen und angeleitetes Üben wechseln sich dabei ab.

Übunsleiterinnen und Übungsleiter schaffen also Bewegungssituationen, geben Anregungen, greifen Spielvorschläge auf, unterstützen einzelne Kinder nach individuellen Bedürfnissen und fördern gemeinsame Aktivitäten. Dazu ist es wichtig, situationsorientiert und flexibel in der Gruppe zu arbeiten und darauf zu achten, den unterschiedlichen Gruppenmitgliedern gerecht zu werden. Beobachten, Mitmachen, Ausprobieren lassen, Herausgreifen, Wiederholen und Variieren sind die Aufgaben der Übungsleiterinnen und Übungsleiter in Freizeitsportgruppen.

Theoretische Grundlagen für diese Art des Sport- und Bewegungsangebotes liefern die Motopädagogik/Psychomotorik und die moderne Sportpädagogik (Literaturangaben im Anhang).

(Foto: M.Rohr)

☆ Organisatorische Voraussetzungen

Gruppenstruktur

- Für ein teilnehmerorientiertes Angebot dürfen die Gruppen nicht zu groß sein, günstig ist die Anzahl von 10-15 Kindern.

- Als Orientierungswert für integrative Gruppen gilt: Der Anteil von Kindern mit unterschiedlichen Behinderungen sollte ca. 1:3 betragen, jedoch sind individuelle Bedingungen zu berücksichtigen (Erscheinungsform der Behinderung, Gruppenzusammensetzung insgesamt).

- Es ist sinnvoll Altersgruppen einzuteilen, in die auch die Kinder mit Behinderungen einbezogen werden, da altersbedingt unterschiedliche Bewegungsbedürfnisse vorliegen. Ein Vorschlag für eine angemessene Gruppeneinteilung wären Gruppen mit Kindern bis 3 Jahren, 3-5jährige, 6-8jährige, 8-10jährige, 10-13jährige Kinder und Jugendliche ab 14 Jahren.

Für das Vor- und Grundschulalter eignen sich besonders Geräte-Kombinationen zum Ausprobieren grundlegender Bewegungserfahrungen wie z.B. Klettern, Schaukeln, Rollen, Balancieren, Springen und Themenstunden mit Bewegungsgeschichten. Die Kinder sind in diesem Alter noch sehr aufgeschlossen und offen für vielfältige Bewegungs-Angebote, die ihrem Bewegungsdrang entgegenkommen und individuelles Erleben ermöglichen.
Mit zunehmenden Alter (ca. ab 8 Jahren) verfestigt sich das Normenbewußtsein. Das Interesse an Sportspielen, Mannschaftsspielen, Wettbewerb wird größer. "Sport" wird stärker verbunden mit sportartspezifischem Wettkampfsport, wie er in den Medien seine Verbreitung findet.
Entsprechende Freizeit - Sportangebote für dieses Alter sind deshalb im dritten Teil der Broschüre gesondert aufgeführt.

Übungsleiterinnen und Übungsleiter

Es sollten **mindestens zwei Übungsleiterinnen und Übungsleiter** die Freizeitsportstunde durchführen (u.U.zusätzlich Einsatz von Zivildienstleistenden, JugendleiterInnen, HelferInnen, PraktikantInnen als zusätzliche Kraft). Bei der Teilnahme von Kindern mit Behinderungen ist neben der Wahrnehmung entsprechender **Fortbildungsangebote** die **Zusammenarbeit mit** den **Eltern und** (sonder-) pädagogischen **Fachkräften** im regionalen Umfeld hilfreich, um auf besondere Bedürfnisse entsprechend eingehen zu können.

Sportgeräte und Materialien

Die in der Regel in Sporthallen **vorhandenen Geräten** wie Sprossenwand, Bänke, Barren, Kästen, Ringe, Weichböden, Kleingeräte usw. können sehr vielfältig eingesetzt werden. Preisgünstige **Alltagsmaterialien** (vgl. Teil 2) lassen sich für abwechslungsreiche, kreative Spielmöglichkeiten verwenden. Günstig ist auch der Einsatz von **psychomotorischen Übungsgeräten** wie z.B. Rollbretter, Pedalos, Trampolin u.a. Kleinmaterialien (Anregungen im Anhang).

(Foto: A.Krawietz)

2. AUFBAU EINER SPORTSTUNDE

Das nachfolgend vorgestellte Grundraster ist gedacht als Orientierungsrahmen zur Planung einer Sportstunde. Als Struktur für die Freizeitsportstunde hat sich bewährt:

Begrüssungskreis
Anfangsteil (Aufwärmteil)
Hauptteil
Ausklang
Abschlußkreis

Entsprechend dieser Struktur können verschiedene Spiel- und Bewegungsangebote ausgewählt werden, die in 8 Themenschwerpunkten zusammengefaßt sind:

1. **DER ANFANG UND DAS ENDE**
2. **GYMNASTIK EINMAL ANDERS**
3. **BEWEGUNGSTHEMEN FÜR EINE STUNDE**
4. **GERÄTE - ARRANGEMENTS**
5. **ALLERLEI SPIELE**
6. **MATERIAL - IDEEN**
7. **MIT MUSIK GEHT ALLES BESSER**
8. **ENTSPANNUNG**

Welche Gestaltungsvorschläge aus den 8 Themenschwerpunkten den vorgestellten Struktur-Teilen zugeordnet werden können, zeigt folgendes Raster:

☆ Raster zum Aufbau einer Sportstunde

Struktur	Gestaltungsvorschläge im Praxisteil
Begrüßungskreis	**aus 1. DER ANFANG UND DAS ENDE**
Anfangsteil	**aus 2. GYMNASTIK EINMAL ANDERS** **5. ALLERLEI SPIELE** **6. MATERIAL-IDEEN** **7. MIT MUSIK GEHT ALLES BESSER**
Hauptteil	**aus 3. BEWEGUNGSTHEMEN FÜR EINE STUNDE** **4. GERÄTE-ARRANGEMENTS**
Ausklang	**aus 2. GYMNASTIK EINMAL ANDERS** **5. ALLERLEI SPIELE** **6. MATERIAL-IDEEN** **7. MIT MUSIK GEHT ALLES BESSER** **8. ENTSPANNUNG**
Abschlußkreis	**aus 1. DER ANFANG UND DAS ENDE**

Die Einhaltung dieses Rasters ist nicht zwingend notwendig, jedoch empfiehlt es sich immer einen gemeinsamen Begrüßungs- und Abschlußkreis durchzuführen. Die Schwerpunkte innerhalb der Stunden können beliebig variiert werden.

Wichtig ist, entsprechende Angebote auszuwählen, die auf die einzelnen Kinder und die Gesamtgruppe abgestimmt sind. Sind Kinder mit Behinderungen in der Gruppe, können die Spielvorschläge entsprechend variiert und Regelabwandlungen vereinbart werden.

☆ Spiel- und Bewegungsangebote

1. DER ANFANG UND DAS ENDE

Als Orientierungsrahmen in der Freizeitsportstunde sollte stets ein gemeinsamer Anfang und ein gemeinsames Ende gefunden werden.

Die Kinder treffen sich mit den ÜbungsleiterInnen in einem Sitzkreis (z. B. in der Hallenmitte oder auf einer Matte) zur Begrüßung. Dies ermöglicht das Einstimmen auf die kommende Stunde, das Erzählen von Erlebnissen aus der vergangenen Woche und das Vorstellen neuer Kinder. Die vorgesehenen Spiele für den Anfangsteil können hier erklärt, Fragen beantwortet werden.

Dieser Sitzkreis kann nach Bedarf auch innerhalb der Stunde als Versammlungsort genutzt werden, um bestimmte Angebote oder andere Dinge zu besprechen.

Das Ende der Sportstunde soll Ausklang und Beruhigung sein. Alle Kinder sind noch einmal zusammen und beenden die Stunde gemeinsam durch ein immer wiederkehrendes Ritual.

GEEIGNETE SPIELE FÜR DEN ANFANG

BEGRÜSSUNGSSPIEL

- Musikbegleitung -
Alle bewegen sich durch den Raum, bei Musik-Stop:
jedes Kinder begrüßt ein anderes nach Vorgabe, z.B.:

- mit Handschlag und Namensnennung,
- mit einem Luftsprung,
- mit den Füßen,
- mit der Nase,
- mit einem lauten Schrei.

<u>Variation</u>
Nach 5 Begrüßungsvarianten sollen alle vorigen BegrüßungspartnerInnen wiedergefunden werden. Wer war, die/der 1., 2., 3., 4., 5. PartnerIn?

"EI GUDE WIE ..."

- Musikbegleitung: Lied der Gruppe "Rodgau Monotones" (LP) -
Alle bewegen sich durch den Raum, immer bei der Stelle des Liedes "Ei Gude wie..." begrüßen sich zwei Kinder.

LAUFSPIELE
Im Teil 5. finden sich weitere Anregungen für Spiele zum Austoben und Aufwärmen.

GEEIGNETE SPIELE FÜR DAS ENDE

DIE MÜHLE (Sprechtanz)

- Kreisaufstellung mit Handfassung

gemeinsames Sprechen	Bewegung
"Wir zählen bis tausend- die Mühle geht sausend."	Der Kreis dreht sich,
"Wir zählen bis zehn- die Mühle bleibt stehn."	der Kreis bleibt stehn,
"Wir zählen bis hundert- die Mühle geht unter."	der Kreis fällt um.

DAS KARUSSELL I

- Kreisaufstellung mit Handfassung am Rundtau

gemeinsames Sprechen	Bewegung
"Langsam, langsam fängt es an, immer schneller wird es dann sausendschnell, sausendschnell dreht sich dann das Karussell	Langsam anfangen zu drehen, immer schneller werden,
bis der Schwung vergeht und sich`s wieder langsam dreht und dann steht."	verlangsamen bis zum Stillstand.

Variation
Statt Handfassung am Rundtau dreht sich jedes Kind um sich selbst.

DAS KARUSSELL II

- Kreisaufstellung mit Handfassung

gemeinsames Singen/Sprechen	Bewegung
"Auf der grünen Wiese	Alle gehen in Kreisrichtung,
steht das Karussell,	
manchmal dreht es langsam,	
manchmal dreht es schnell;	
anhalten	stehenbleiben, Hände los-
leicht schaukelts im Wind,	lassen, Oberkörper drehen,
einsteigen,	mit den Füßen stampfen,
festhalten,	Handfassung,
drehen,	der Kreis dreht sich,
immer schneller wird es."	immer schneller bis alle
	loslassen und alleine
	weiterdrehen.

LUFTBALLON (Pantomime - Spiel)

- enge Kreisaufstellung mit Handfassung

Anleitung	Bewegung
"Langsam wird der Luftballon aufgeblasen -	Bei jedem Atemstoß gehen alle im Kreis einen Schritt zurück, bis sie sich nur noch an den Fingerspitzen berühren -
Plötzlich platzt der Luftballon mit einem lauten: PENG!"	alle fallen zu Boden

ABSCHLUSS - KREIS (Sprechtanz)

- Kreisaufstellung mit Handfassung

gemeinsames Sprechen	Bewegung
"Eins, zwei, drei, vier,	vier Schritte nach rechts
wir sind ja noch immer alle hier,	stehn
fünf, sechs, sieben, acht,	vier Schritte nach links
jetzt wird aber Schluß gemacht."	mit den Füßen trampeln
	oder in die Hände klatschen

ABSCHLUSS - SITZKREIS

Im Kreis sitzen mit Handfassung - alle sagen gemeinsam "Auf Wiedersehen!" - zuerst ganz leise, dann ganz laut und schütteln sich dabei die Hände.

2. GYMNASTIK EINMAL ANDERS

Heutzutage nehmen Haltungschwächen und Bewegungsauffälligkeiten bei Kindern immer mehr zu. Die Gymnastik als präventive Maßnahme ist deshalb von großer Bedeutung. Gymnastik muß nicht immer trocken und langweilig sein, sondern kann auch Spaß machen. Dies soll mit den folgenden Gymnastikübungen dargestellt werden, die in kleine Geschichten eingepackt sind oder aber als spannende Aufgaben gestellt werden. Diese Übungen zur Körpererfahrung tragen nachhaltig zur Haltungsschulung bei.

Pantomime-Spiele eignen sich sehr gut für eine kindorientierte Gymnastik. Die Spielleiterin bzw. der Spielleiter erzählt den Kindern eine Geschichte und spielt diese mit den Kindern mit. Die Kinder bekommen so eine Vorstellung für die Bewegung und bringen eigene Ideen mit ein.

LUFTBALLON (Pantomime-Spiel)

Anleitung	Bewegung
"Der Luftballon liegt am Boden."	Die Kinder liegen als "Päckchen" (=Arme und Beine angezogen) auf dem Boden.
"Nun wird der Luftballon aufgeblasen." "Jetzt ist er schon ganz prall!"	Die Kinder richten sich mit kräftigem Pusten langam auf: Kniestand - Hocke - Stand - Zehenstand mit ausgebreiteten Armen!
"Der Luftballon platzt!"	Die Kinder fallen auf den Boden.

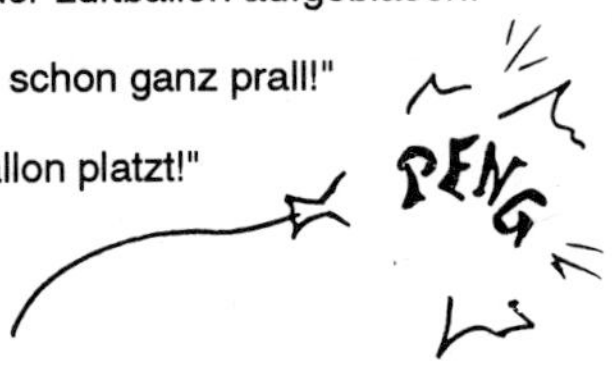

Variation

Anleitung	Bewegung
"Wir sind Luftballons und werden langsam mit einem Blasebalg aufgepumpt."	Die Kinder sitzen auf dem Boden als Päckchen. Mit jedem Atemzug richten sich die Kinder weiter auf und kommen in eine aufrechte und angespannte Position, die kurze Zeit beibehalten wird.
"Langsam wird die Luft abgelassen."	Die Kinder sinken in eine entspannte Haltung am Boden zurück.

Anmerkung: Die Übung kann mehrmals wiederholt werden.

BAUCH - RÜCKEN - KNIE - SPIEL

Alle laufen durch den Raum, auf den Ruf "Bauch!" oder "Rücken!" oder "Knie!" legen/setzen sich die Kinder in die entsprechenden Positionen. Die Kinder können weitere Vorgaben machen.

Varitation
Auf den Ruf "Bauch - Rücken - Knie!" nehmen alle nacheinander die entsprechenden Positionen ein. Es können weitere beliebige Kombinationen gefunden werden.

DIE GESCHICHTE VON DER KATZE (Pantomime-Spiel)

Anleitung	Bewegung
"Die Katze schläft."	Bauchlage, tief atmen,
"Die Katze träumt von einer Maus, wacht auf und kullert mit den Augen."	aus der Bauchlage Hände aufstützen, Arme strecken,
"Die Katze dreht den Kopf und guckt nach allen Seiten."	Kopf drehen,
"Die Katze guckt über die Schultern zu den Fußzehen."	nach hinten schauen,
"Die Katze schaut sich weiter um, die Maus ist nicht zu sehen!"	Arme durchstrecken, Oberkörper aufrichten,
"Die Katze macht sich rund und kuschelt sich zusammen!"	auf allen Vieren kauern, Knie unter den Bauch ziehen,
"Jetzt schleckt sie aus der Schüssel Milch!"	auf alle viere aufrichten und "Milch schlecken",(Vierfüßlerstand)
"Die Katze spielt"	Po in die Luft strecken, abwechseln beide Beine hochstrecken,
"Die Katze reckt und streckt sich"	auf die Fersen setzen, Arme weit nach vorne strecken, (langer Rücken)
"Nun schleicht die Katze fort, ganz leise und behutsam, damit keine Maus sie hört."	schleichen auf allen vieren.

DIE KATZE SCHLECKT MILCH (Yoga-Übung)

Aus der Bank-Stellung

Kopf nach vorne schieben

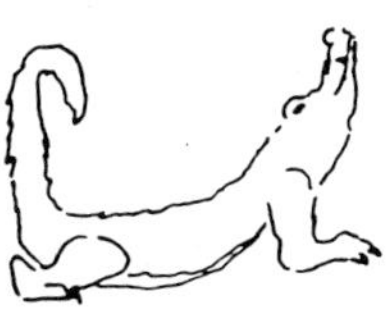

und wieder zurück

DIE GESCHICHTE VOM SAMENKORN

Anleitung	Bewegung
"Ihr seid ein kleiner Blumensamen, tief in der Erde."	Kinder kauern klein am Boden,
"Aus dem Samen wächst langsam eine Blume, zuerst guckt eine kleine Knospe aus der Erde."	Kopf heben,
"Es regnet ganz viel und der Stengel beginnt zu wachsen."	Oberkörper aufrichten,
"Die Blätter kommen hervor."	Arme ausstrecken,
"Es regnet noch mehr und die Blume wird immer größer."	langsam aufstehen,
"Jetzt ist die Blume schon ganz groß."	auf Zehenspitzen stellen,
"Es kommt ein leichter Wind auf - die Blume schaukelt im Wind."	Arme und Oberkörper zur Seite bewegen,
"Und sie dreht sich im Wind."	Oberkörper drehen,
"Langsam wird es Herbst und die Blume welkt!"	ganz langsam wieder klein-machen und auf den Boden kauern.

BAUM IM WIND (Pantomime-Spiel)

Anleitung	Bewegung
"Wir sind alle ein Baum mit einem festen Stamm."	Auf einem Bein stehen,
"Der Baum breitet die Äste aus."	Arme ausbreiten,
"Es weht ein leichter Wind - der Baum wiegt sich im Wind."	Arme und Oberkörper bewegen,
"Der Wind wird stärker, der Baum schwankt immer mehr, fällt aber nicht um!"	größere Bewegungen mit Armen und Oberkörper,
"Der Sturm legt sich, der Baum steht ganz ruhig."	Bewegungen kleiner werden lassen, ruhig stehen.

RADTOUR

Anleitung	Bewegung
"Wir wollen zusammen eine Fahrradtour starten. Zuerst geht es ganz gemächlich im Tal entlang! Jetzt fahren wir mal ein Rennen; los ganz schnell! Halt! Wir sind am Ziel! Pause! Nun gehts weiter. Wir fahren einen Berg hinauf. Merkt ihr, wie schwer es geht? Endlich geht's den Berg hinunter. Das Radeln geht fast von alleine. Unsere Tour ist zu Ende."	Sitz am Boden mit Handstütz rücklings, Beine bewegen wie beim Radfahren,  Bewegung nach Anleitung.

PÄCKCHEN

Anleitung	Bewegung
"Das Päckchen liegt im Flur bereit."	Zusammengekauert auf dem Rücken liegen,
"Es soll verschickt werden und wird zur Post gerollt"	auf dem Boden herumrollen,
"Auf der Post wird das Päckchen noch einmal ausgepackt, der Brief fehlt!"	Körper ausstrecken,
"Nun wird es wieder zugepackt und losgeschickt."	klein machen.

BRÜCKE BAUEN

Brücke mit vier Pfeilern

mit drei Pfeilern

mit zwei Pfeilern

WIR GEHEN IN DEN ZOO (Pantomime-Spiel)

Anleitung	Bewegung
"Wir liegen noch im Bett und schlafen."	Auf dem Boden liegen,
"Langsam wachen wir auf, rollen mit den Augen und recken und strecken uns. Heute wollen wir in den Zoo! Schnell ziehen wir uns an. Wir gehen ins Bad und waschen uns das Gesicht, kämmen uns, putzen die Zähne. Zum Frühstück gibts ein Brötchen und Kakao.	Bewegung entsprechend der Anleitung,
Schnell noch die Jacke an, dann geht es zur Straßenbahn, sie fährt quer durch die Stadt bis zum Haupteingang des Zoos. Jeder bekommt eine Eintrittskarte in die Hand.	hintereinander aufstellen und durch die Halle gehen,
Welche Tiere wollen wir besuchen?	Vorschläge der Kinder aufgreifen, z. B.
Störche,	Knie hoch heben, "stelzen",
Frösche,	hüpfen,
Tiger,	auf allen vieren schleichen,
Schlangen,	auf dem Bauch kriechen,
Vögel usw.	mit Armen "flattern".
"Wo wohnt der Storch, die Frösche,..."	Kinder schlagen Orte in der Halle vor, z. B. Sprossenwand, Tor, Hallenecke, laufen dort hin und ahmen das jeweilige Tier nach!
"Nachdem wir alle Tiere besucht haben, fahren wir wieder mit der Straßenbahn zurück! Endstation Turnhalle!"	in einer Reihe hintereinander durch die Halle bis zum Weichboden.

Variation

Als Straßenbahn wird ein Mattenwagen benutzt. Ausgangssituation: "Wir machen heute einen Ausflug in den Zoo, steigt alle ein ....."

YOGA - ÜBUNGEN

Einige ausgewählte Yoga-Übungen, die Kindern Spaß machen

Päckchen

Kobra

Storch

Pflug

Bogen

Schildkröte

Heuschrecke

Kopf zum Knie

Kerze

halbe Brücke

<u>Anmerkung:</u> Zur Entlastung der Wirbelsäule muß nach der Kobra- und der Bogen-Stellung unbedingt Pflug- oder Päckchen-Stellung eingenommen werden.

REIFENGYMNASTIK

Auch der Einsatz von Kleingeräten eignet sich, um kindgemäße Gymnastik-Übungen durchzuführen. Jedes Kind hat einen Reifen (oder auch Teppichfliese, Zeitung, Tuch ...). Dieses Gerät bietet den Kindern einen klaren Bezugspunkt im Raum.

Anregungen:

- Ausgangssituation: Jedes Kind steht in seinem Reifen:

- "Könnt ihr euch ganz groß machen, auf den Zehenspitzen stehen?"

- "Macht euch ganz klein in eurem Reifen, ohne ihn zu berühren."

- "Springt in euren Reifen hinein und wieder hinaus."

- "Wer kann über den Reifen springen?"

- "Könnt ihr auf einem Bein im Reifen stehen?"

- "Lauft auf dem Reifen im Kreis."

- "Setzt euch in den Reifen. Könnt ihr wieder aufstehen und dabei die Arme hochhalten?"

- "Versucht mal einen Drehsprung im Reifen."

- "Baut eine Brücke über den Reifen."

- "Setzt euch so in den Reifen, daß nur der Po den Boden berührt."

- "Setzt euch so in den Reifen, daß, Po, Hände und ein Fuß den Boden berühren."

- "Drei Punkte von eurem Körper sollen im Reifen den Boden berühren."

- "Stellt auch in euren Reifen und springt mit beiden Beinen aus dem Reifen heraus - soweit ihr könnt!"

- "Stellt euch in den Reifen. Könnt ihr ganz hochspringen und wieder im Reifen landen?"

Variation
PLATZ - SUCH - SPIEL als Einstieg oder Abschluß: Die Kinder verteilen die Reifen in der Halle, jedes Kind kennt sein "Haus". Nun laufen alle in der Halle um die Reifen herum. Auf ein Signal (z.B. Musik - Stop, Klatschen, Tamborin - Schlag) sucht sich jedes Kind sein Haus und setzt sich hinein - in dem "Haus" wird eine der o.g. Übungen durchgeführt!

3. BEWEGUNGSTHEMEN FÜR EINE STUNDE

Diese Sportstunden stehen unter einem bestimmten Thema wie z.B. Dschungel oder Piraten. Sämtliche Bewegungsangebote werden auf das Thema abgestimmt.

Kindern macht es Spaß, sich in eine Bewegungschichte hineinzuversetzen. Phantasie und kreatives Mitgestalten werden angeregt; das Kind kann sich mit seinen eigenen Vorstellungen, Möglichkeiten und Fähigkeiten einbringen.

Der Erfolg solcher Stunden hängt nicht zuletzt von den Übungsleiterinnen und Übungsleitern ab. Ihnen muß es gelingen, mit ihren Erzählungen und Bewegungsangeboten die Kinder zu fesseln. Wichtig ist auch, den Kindern möglichst viel Freiraum bei der Mitgestaltung der Stunden zu lassen, damit sie ihre Ideen einbringen und sich mit dem Geschehen identifizieren können.

Für die Themenstunden gilt der gleiche Aufbau wie für die anderen Sportstunden. Im Begrüßungskreis findet ein Gespräch über die folgende Stunde statt. Es gibt gemeinsame Spiele zum Anfang und Ausklang. Die Geräte-Aufbauten im Hauptteil werden zunächst gemeinsam ausprobiert, dann können sich die Kinder individuell damit beschäftigen.

DSCHUNGEL I

✱ Anfang:

Gesprächsrunde:
"Habt ihr schon mal etwas vom Dschungel gehört? Wie sieht es dort aus, welche Tiere leben dort? Leben dort auch Menschen?.... Wir wollen heute zusammen in den Dschungel reisen":

✱ Spiele:

DSCHUNGELWANDERUNG (Pantomime-Spiel)

Anleitung	Bewegung
"Wir wollen den Dschungel erst einmal erkunden und wandern gemeinsam los. Damit sich niemand verirrt, bleibt dicht zusammen."	Durch die Halle bewegen,
"Zuerst geht es durch dichtes Gebüsch Wir müssen die Äste mit den Händen beiseite schieben."	entsprechende Bewegung mit Armen,
"Nun ist das Gebüsch so dicht, daß wir uns ganz klein machen müssen, um hindurch zu kommen."	in der Hocke gehen, auf dem Bauch robben,

"Hört ihr etwas? Ich höre Geräusche, es ist ein Tier es kommt immer näher, schnell aus dem Gebüsch heraus, wir rennen weg."	alle rennen zu einem bestimmten Punkt in der Halle, z.B.in ein Tor,
"So, hier sind wir in Sicherheit"! "Alles ist still, wir könen weiter-wandern."	durch die Halle gehen,
"Nun kommen wir an einen Fluß. Wie kommen wir hinüber? Seht ihr die Steine im Wasser, wir springen von Stein zu Stein."	stehen bleiben, hüpfen, springen,
"Wir könenn auch über einen Baum-stamm balancieren."	auf einer Linie am Boden oder über eine Bank balancieren,
"Hört ihr etwas?" Alles ist still, wir können weiter-wandern."	alle rennen zum Tor und lauschen,
"Der Pfad wird so schmal, daß wir hintereinander gehen müssen."	Reihe bilden und weitergehen,
"Oh, riecht ihr auch etwas? Hier riecht es so süß. Wir sind ja in einem Wald voller Bäume mit vielen süßen Früchten. Die schönsten Früchte hängen ganz oben. Pflückt auch welche. Guten Appetit!"	alle versuchen, so hoch wie möglich zu springen,
"Hört ihr etwas?	alle laufen zum Tor und lauschen,
Alles ist still, wir können weiter-wandern. Jetzt sind wir schon etwas müde und erschöpft!"	langsam weitergehen,
"Nebel kommt auf, es wird unheimlich. Oh je! Jetzt haben wir uns verirrt."	stehen bleiben, umschauen,
"Kommt, wir legen uns zusammen hin, ganz dicht beieinander und schlafen.	auf den Boden legen,
Mir wird ganz warm, schaut die Sonne kommt heraus, der Nebel ist fort."	aufstehen,
"Hört ihr etwas?"	alle laufen zum Tor und lauschen,
"Alles ist still, unsere Dschungel-wanderung ist vorbei."	
"Ich höre die Trommeln der Urwaldbe-wohner. Wollen wir sie besuchen?"	(Überleitung zum Urwald-Trommel-Spiel)

URWALD-TROMMEL-SPIEL

"Die Urwaldbewohner haben kein Telefon, um miteinander zu sprechen. Wenn sie anderen eine Nachricht übermitteln wollen, benutzen sie ihre Trommeln. Meist tun sie dies auch, wenn Gefahr droht!"

"Es gibt drei Trommeln, die verschieden klingen, z.B. Tamburin, Geräuschdose, Triangel. Jede Trommel zeigt einen anderen Ort an, wo ihr euch versammeln sollt."

Beispiel:	1. Trommel (Tamburin)	- Weichboden
	2. Trommel (Geräuschdose)	- Hallenecke
	3. Trommel (Triangel)	- Sprossenwand

Anmerkung: Am Besten wählen die Kinder entsprechende Stellen aus.

* Geräte - Aufbau: Erkundung des Dschungels

"Um unbekannte Orte zu erforschen, müssen die Urwaldbewohner Hängebrücken über die tiefen Schluchten und große Berge überwinden."

HÄNGEBRÜCKE

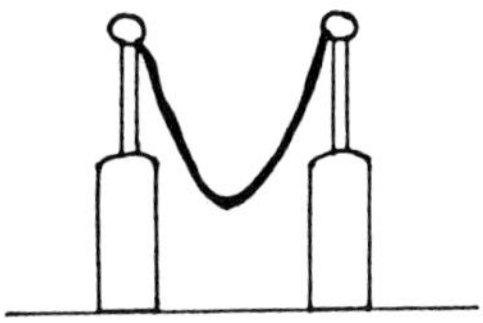

Parallel-Barren --- Seile zwischen Holmen knoten

BERG MIT TARZANSCHAUKEL

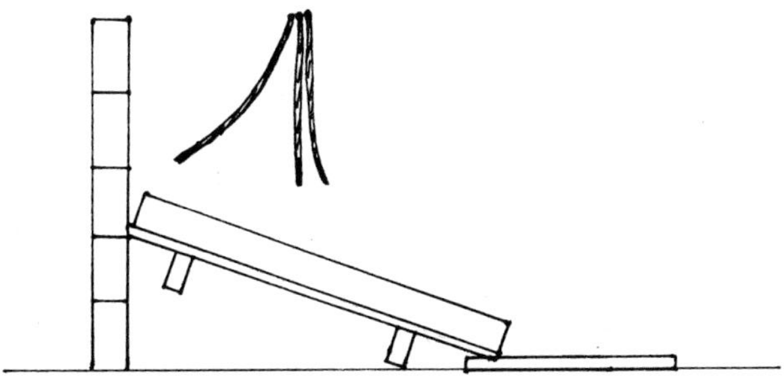

Große Leiter Bank mit Weichboden, Matten

✱ Abschluß:

DER LÖWE (Laufspiel)

Die Dschungelbewohner sind auf der Jagd. Sie liegen im Gebüsch (Hallenhütte) auf dem Boden und lauschen.
Der Löwe (1 Kind) schleicht durchs Gebüsch und ahmt ein Rascheln der Blätter nach. Die Jäger und Jägerinnen hören das Rascheln, das immer lauter wird je mehr sich der Löwe nähert. Sie bekommen Angst und laufen weg. Hat der Löwe eine Jägerin oder einen Jäger erwischt, werden die Rollen getauscht.

Anmerkung: Jägerinnen und Jäger dürfen erst wegrennen, wenn das Geräusch des Raschelns ganz laut ist.

DSCHUNGEL II

⁕ Anfang:

Gespräch:
"Wir wollen heute zusammen einen Besuch im Dschungel machen."
"Wißt ihr welche Tiere im Dschungel leben?
"Richtig, auch Affen leben dort. Die können einen Affentanz und der geht so...":

⁕ Spiel:

AFFENTANZ (Tanz-Spiel)

Musik-Stück aus der L.P. Ulrich Maske: "Lieder für kleine Riesen" Pläne 88453
Kreisaufstellung - alle machen mit und tanzen wie die Affen in dem Lied.

⁕ Geräte - Aufbau:

"Wißt ihr, was die Affen im Dschungel noch machen? - Wir wollen auch wie die Affen klettern, hangeln, schwingen. Schaut mal in der Halle, wo ihr was machen könnt!"

RINGE - schwingen, evtl. auf einen Mattenberg

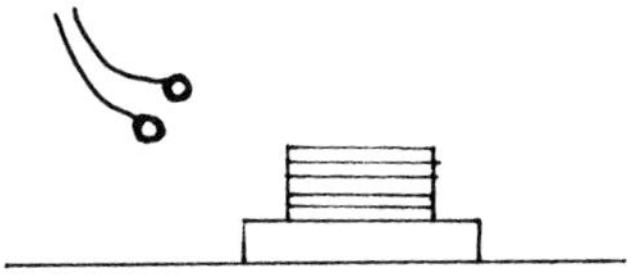

SPROSSENWAND - Klettern, evtl. Bälle als Kokosnüsse ganz oben auflegen.

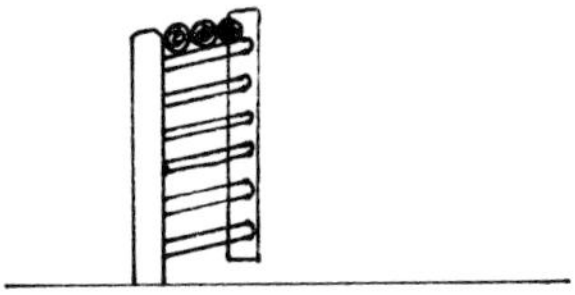

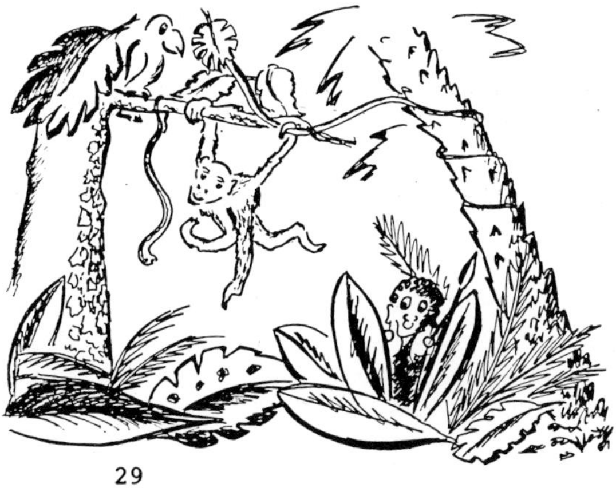

RECKSTANGE - Hangeln

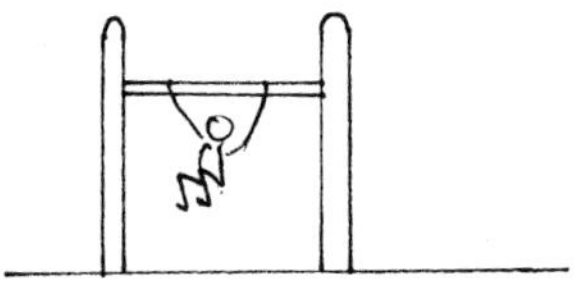

✷ Abschluß:

DAS KROKODILSPIEL

Alle Kinder sitzen zusammen auf der Weichbodenmatte. Die Übungsleiterin oder der Übungsleiter erzählt eine Dschungelgeschichte. Wenn darin das Wort KROKODIL erwähnt wird, müssen alle Kinder schnell vor dem Krokodil auf die Bänke flüchten. Haben sich alle Kinder vor dem Krokodil gerettet, laufen sie zurück auf die Matte.

Geschichte:

"Es waren einmal...(nach Anzahl der Kinder) Affen, die lebten auf einer Dschungel-Insel. Sie lebten dort aber nicht alleine, es gab dort auch ein KROKODIL.

Die Insel ist wunderschön: es gibt viele Bäume, die ganz grün sind, viele Tiere, besonders Affen und rundherum ist das Meer. Die Sonne scheint und die Affen sitzen am Strand. Da plötzlich taucht das KROKODIL auf.

Die Affen klettern auf die Bäume und holen sich Kokosnüsse, und was sehen sie in der Ferne - schon wieder das KROKODIL.

Die Affen sind satt und legen sich schlafen und alle schnarchen.
Was spüren sie da an ihren Füßen? Das KROKODIL.

Jetzt sitzen die Affen zusammen und spielen, was hören sie plötzlich? Ein Schuß!
Die Affen laufen herum und suchen das KROKODIL.

Der Jäger hat das arme Tier totgeschossen.
Ihr könnt ja mal probieren, das Krokodil sanft und liebevoll zum Leben zu erwecken!"

WILDER WESTEN

✱ Anfang:

Gespräch über Cowboys und Indianer!

✱ Spiel:

DAS INDIANER-SPIEL (Ballspiel)

Variation von: "Haltet das Feld frei"
2 Mannschaften: Cowboys und Indianer
In einer Ecke der Halle wird eine "Wagenburg" gebaut; durch Abgrenzung der Ecke mit Bänken oder Kästen. In der Wagenburg sind die Cowboys. Die Indianer greifen an, indem sie versuchen, Bälle in die Wagenburg zu werfen. Die Cowboys verteidigen die Burg und werfen die Bälle sofort wieder hinaus.
Spiel-Ende: Wenn alle Bälle in der Wagenburg sind.

Variation: Nach bestimmter Zeit Rollen-Tausch

✱ Geräte-Aufbau: "Pirsch durch die Prärie"

PRÄRIE

"Die Indianer gehen barfuß durch unbekanntes Gelände und versuchen, mit den Füßen zu erspüren, auf welchem Gelände sie sich bewegen."

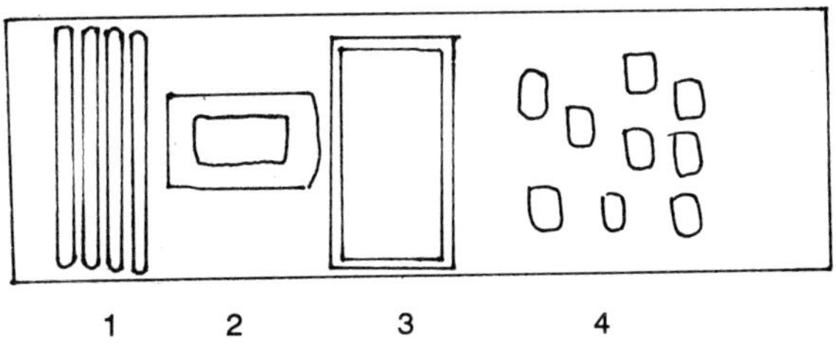

1)Stäbe 2)Reuterbrett 3)Kastenteil 4)Sandsäckchen darüber Mattenbahn legen!

Anmerkung:
Die Materialien unter der Matte können beliebig ausgetauscht werden, die Kinder bringen dazu oft viele Ideen ein

BERG

"Am Ende der Prärie erhebt sich ein steiler Berg. Alle probieren aus, wie sie am besten diesen Berg erklimmen können."

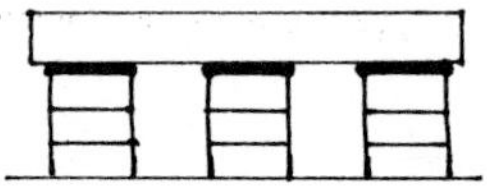

Auf- und Abstiegshilfen:
- kleine Kästen
- Bank schräg in Kasten einhängen
- Barren zum "Hochturnen"
- Trampolin

Weichboden auf 3 Kästen

BRÜCKE

"Auf der anderen Seite des Berges strömt ein tiefer Fluß. Zum Glück gibt es auch eine schmale Brücke. Wir können sie auf allen vieren überqueren. Wer schafft es aufrecht?"

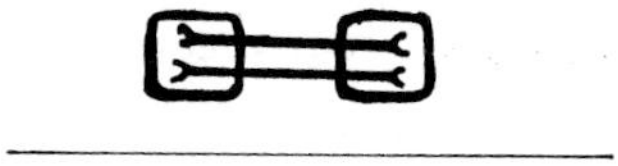

Ansicht von oben

Seitenansicht

auf 2 kleinen Kästen 2 Reckstangen parallel legen.

Anmerkung:
Am besten beginnen die "Pirsch durch die Prärie" alle Kinder gemeinsam und probieren verschiedene Möglichkeiten an jeder Station aus. Danach kann sich jedes Kind individuell Stationen aussuchen und weiterexperimentieren. Übungsleiterinnen und Übungsleiter geben Hilfestellung.

✱ Abschluß:

ANSCHLEICHEN (Spiel zur akustischen Wahrnehmung)

Die Cowboys sitzen alle im Kreis um ein Feuer und sind eingeschlafen (Augen geschlossen). Ein Indianer schleicht sich heran und versucht, sich unbemerkt neben einen Cowboy zu setzen. Gelingt ihm dies, darf er sich noch einmal anschleichen - sonst Rollentausch!

HIMALAYA - REISE

✱ Anfang:

Gespräch:
"Wißt ihr, in welchem Land der höchste Berg der Welt ist?"
"Wie heißt dieser Berg?"
"Wie können wir dorthin reisen?"
"Seid ihr schon mal im Flugzeug gereist?"
"Wir wollen heute den höchsten Berg der Welt, den Mount Everest besteigen. Der Berg ist aber ganz weit weg. Um dorthin zu reisen, müssen wir mit dem Flugzeug fliegen."
"Könnt ihr mal ein Flugzeug spielen, wie fliegt es?" (--Arme ausbreiten!)

✱ Spiel:

FLUGZEUGSPIEL

- Die Kinder bewegen sich als Flugzeuge durch die Halle. Sie dürfen sich nicht berühren, sonst stürzen sie ins Meer ab.
- Der Motor wird angestellt - volle Fahrt voran!
- Zwischenlandung - alle Flugzeuge landen auf dem Flugplatz (Landebahn -- kleine Matten; Flugplatz -- Weichboden).
  Es darf immer nur ein Flugzeug nach dem anderen landen. (evtl. Fluglotse einsetzen!)
- Abflug - die Flugzeuge rollen nacheinander über die Startbahn (kleine Mattenbahn) und heben ab.

Variation:
Alle zusammen bilden ein großes Flugzeug (Reihe bilden!)
- Landung in Nepal, dem Land mit dem höchsten Berg der Welt. Die Landung erfolgt über die Landebahn wie bei der Zwischenlandung!

"Schnell wandern wir nun zum Fuß des Mount Everest".

✱ Geräte-Aufbau: "Mount Everest"

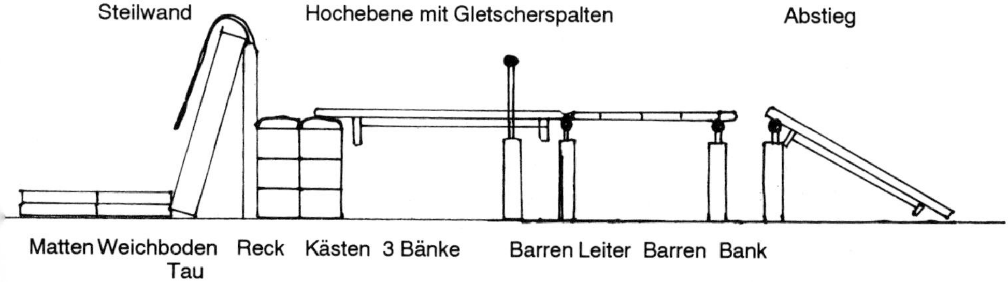

"Wir besteigen nacheinander den Berg über die Steilwandund wandern über die Hochebene. - Vorsicht, Gletscherspalten - nach dem Abstieg kann noch mal begonnen werden".

⁎ Abschluß:

NEPAL- REISE (Pantomime-Spiel)

Anleitung	Bewegung
"Wir wollen eine Wanderung durch Nepal machen. Zuerst holen wir unseren Rucksack."	Jedes Kind holt sich einen Medizinball als Rucksack
"Wir brauchen etwas zu essen und eine Decke zum schlafen".	und packt seinen Rucksack,
"Wie können wir unseren schweren Rucksack am besten tragen?"	Kinder probieren aus,
"Die Reise geht los!"	in der Halle gehen,
"Wir wandern einen Pfad entlang und schauen auf unsere Füße, damit wir nicht stolpern".	evtl. an Linien entlang,
"Wir übersteigen einen Baumstamm."	über Bank steigen,
"Wer sieht den "Mount-Everest"? Wir schauen durch unser Fernglas, damit wir den Berg besser sehen können".	Hände zu Fernglas formen und vor die Augen halten,
"Wir überqueren einen reißenden Fluß."	über Bank laufen,
"Picknick-Pause! Nach der anstrengenden Wanderung wollen wir uns erholen und stärken". Alle "essen" und "trinken".	Kinder setzen sich auf die Bank und packen ihren Rucksack aus,
"Jetzt haben wir aber lange Pause gemacht! Schnell, wir müssen die Zeit aufholen."	alle rennen um die Bank herum,
"Schaut mal! Dort müssen wir steil hinauf!"	eine Bank hochlaufen, die auf einem kleinen Kasten aufliegt,
"Es wird langsam dunkel!" Seid ihr auch müde? Zum Glück ist da vorne eine Hütte. Dort können wir bestimmt übernachten."	alle laufen zur Weichbodenmatte und legen sich dort schlafen.

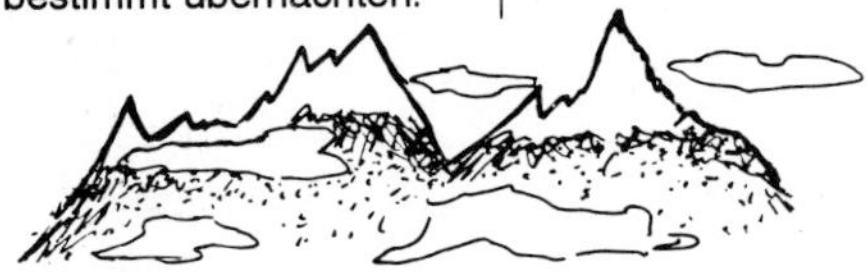

Ausklang

Ruhige Musik spielen / Märchen aus Nepal vorlesen.
Alle Kinder wachen wieder auf und verabschieden sich gemeinsam auf nepalisch "Namaste".

Zirkus I

✱ Anfang:

Gespräch zum Thema Zirkus:
"Wer war schon einmal im Zirkus? Welche Tiere habt ihr dort gesehen? Waren dort auch Artisten?"
Herausgestellt werden sollte, daß es im Zirkus auch einen Direktor gibt und daß die Tiere und Artisten in der Manege auftreten.

✱ Lied:

"Zirkus auf dem Schloßplatz" aus der Kassette Kunterbunt: "Komm wir spielen" Fidula-Fon-Verlag; Bestell Nr. 3088

Sitzkreis
Das Lied wird gemeinsam gehört, anschließend Reflexion, welche Tiere und Artisten vorkamen. Beim zweiten Spielen des Liedes spielen die Kinder pantomimisch mit.

✱ Geräte-Aufbau: Die Manege

Folgende Tiernummern werden als Kreisaufbau zusammengestellt, so daß die Kinder von einer Tiernummer zur nächsten gehen können.

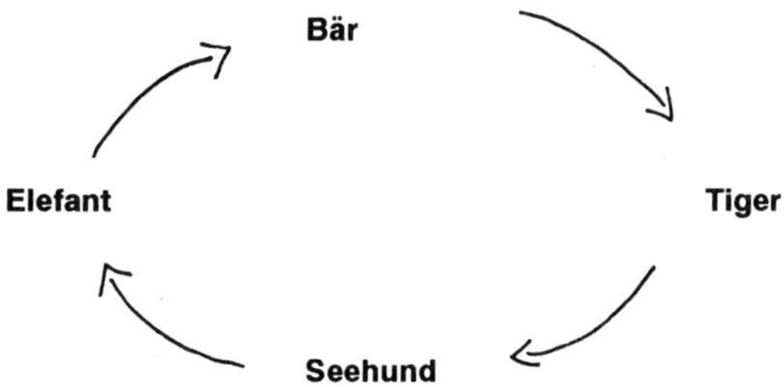

Von den folgenden Vorschlägen für die einzelnen Tiernummern kann jeweils einer für den Aufbau ausgewählt werden.

BÄR

- fährt Pedalo oder
- balanciert über Bälle oder
- steigt von kleinem Kasten zum nächsten oder
- steht einbeinig auf einem Medizinball oder
- steht auf einem Pezzi-Gymnastikball, der in einem umgedrehten kleinen Kasten liegt.

TIGER

- balanciert über eine umgedrehte Bank oder
- balanciert über zwei Reckstangen, die auf zwei kleinen Kästen aufliegen oder
- steigt über eine Bankpyramide.

ELEFANT

- läuft über eine Bank-Wippe: auf einem Kastendeckel wird eine umgedrehte Bank gelegt.

SEEHUND

- steht auf einer Rollbank (Stäbe unter umgedrehte Bank legen) und fängt zugeworfene Bälle oder
- balanciert Sandsäckchen (Gummireifen) auf dem Kopf oder
- liegt auf dem Bauch, hält die Nase in die Luft und robbt über eine Mattenbahn.

✱ Abschluß:

FINALE

Alle Tiere kommen noch einmal in der Mitte der Manege zusammen. Sie brummen, fauchen, fiepen und trompeten alle zum Abschluß und verlassen dann winkend, in einer Reihe, die Manege.

ZIRKUS II

⁕ Der Anfang:

Gespräch zum Thema Zirkus
"Heute kommt der Zirkus zu uns in die Turnhalle. Wir brauchen dazu eine Zirkusatmosphäre und tanzen dazu erstmal gemeinsam den Zirkus-Begrüßungstanz."

⁕ Spiel:

ZIRKUS-BEGRÜSSUNGSSPIEL

Musik spielt, z.B. Zirkus auf dem Schloßplatz aus der Kassette Kunterbunt: Komm wir spielen, Fidula-ton-Verlag Nr. 3088.
Alle tanzen frei zur Musik. Wenn die Musik stopt, begrüßen sich die Zirkusleute auf ulkige Art und Weise (Begrüßungsart wird angesagt) z.B. mit der Nase,
- mit dem Po,
- mit dem Knie,
- mit dem Fuß,
- mit dem Rücken.

⁕ Geräte-Aufbau: Die Manege

Kreisaufbau:

Schlange kriecht durch Reifen

2 Reifen zwischen 3 kleinen Kästen

Bär balanciert auf Medizinbällen

Affe klettert auf der Affenschaukel

Bank in Ringe eingehängt

Seiltänzerin auf dem Hochseil

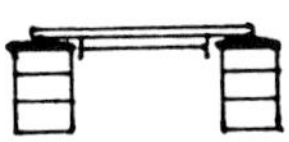

Bank auf 2 Längskästen

Die Kinder können alle Geräte nach Lust und Laune ausprobieren.

(Foto: Ch.Krawietz)

Schlangen im Zirkus

✷ Abschluß:

DER ZIRKUS-ZAUBERER

- Der Zauberer versammelt alle Kinder in der Manegen-Mitte und verzaubert sie in Schlangen.
- Die Schlangen kriechen über alle Zirkusaufbauten.
- Der Zauberer versammelt alle Schlangen in der Manegen-Mitte und verzaubert sie in Tiger.
- Die Tiger kriechen auf allen Vieren über die Aufbauten.
- Der Zauberer versammelt alle Tiger in der Manegen-Mitte und verzaubert sie in Artisten.
- Die Artisten geben nun das große Abschlußfinale und gehen in einer Reihe über alle Aufbauten.

PIRATENSTUNDE

✱ Anfang:

Gespräch:
"Heute sind wir alle auf dem großen Ozean. Ihr seid Piraten und lebt auf einem Schiff! Was wißt ihr von den Piraten?....."

✱ Spiel:

DER STURM KOMMT

In der Halle verteilt liegen Kastenteile (= Boote). Die "Piraten" schwimmen im Ozean. Auf den Ruf **"Der Sturm kommt!"** flüchten alle in die "Boote".
Haben sich alle gerettet, sagt die Übungsleiterin oder der Übungsleiter: "Der Sturm ist vorbei, das Meer ist wieder glatt, die Sonne scheint!" Nun dürfen alle Piraten wieder in den Ozean.

Variantion:
verschiedene Gangarten vorgeben, z.B.:
- "Die Piraten hüpfen am Strand".
- "Die Piraten schleichen auf die Insel."
- "Die Piraten gehen auf Zehenspitzen".

✱ Geräteaufbau: Das Segelschiff

➡ bedeutet Seilverbindung: 2 Bänke werden mit Hilfe eines Hüpfseiles beweglich zwischen Reckstange und Barrenholm eingehängt.

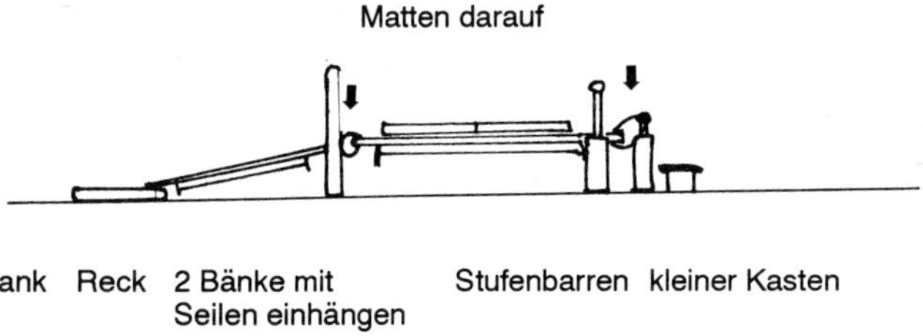

"Im Ozean schwimmt ein Segelschiff, das wollen die Piraten erobern. Das Schiff ist allerdings schon etwas alt, die Masten sind morsch. Deshalb dürfen nur 2-3 Piraten gleichzeitig das Schiff stürmen! Vielleicht finden sie dort einen Schatz!"
"Die kleinen Piratenboote (= Kastenteile) schwimmen noch auf dem Ozean und dürfen immer wieder aufgesucht werden."

Zusätzliches Piratenboot:
In das Untergestell des Längskastens wird eine Matte gelegt, durch das Griffloch ein Seil als Zughilfe geknotet. So können sich die Piraten gegenseitig durch den Ozean schleppen.

Nach einer gewissen Zeit werden alle Piraten gerufen und versammeln sich in den Booten:
Phantasie-Gespräch:
"Habt ihr einen Schatz auf dem Segelschiff gefunden?" Die Kinder erzählen.

✷ Abschluß:

DIE MEERESFEE (Nachlaufspiel)

TIP:
In Spielzeugläden sind Zauberstäbe zu kaufen für ca. 10,-/15,-DM, die vielseitig verwendbar sind, z.B. für dieses Spiel.

Ein Kind ist die Meeresfee und erhält den Zauberstab. Diejenigen, die sie mit ihrem Zauberstab berührt, werden ganz müde, legen sich auf die Insel (Weichboden) und schlafen ein.
Sind alle "Piraten" verzaubert, wird ruhige Musik gespielt und die Geschichte "Sternenboot" von Else Müller vorgelesen (Literaturangabe im Anhang).

Zum Schluß verzaubert die Meeresfee die Piraten wieder in Kinder und alle verabschieden sich mit einem lauten Piratenruf.

DIE ABENTEUERINSEL

✱ Anfang:

Zu Beginn treffen sich alle Kinder auf zwei Weichböden (= Insel).
Die Übungsleiterin oder der Übungsleiter erzählen eine Geschichte über das Leben der Insel-Bewohner, und die Kinder spielen die verschieden Erlebnisse mit den vorhandenen Materialien nach.
Dauer: ca. 45-60 Minuten. Je nach Lust der Kinder wird Zeit für die verschiedenen Tages-Erlebnisse gegeben.

✱ Hauptteil:

"Ihr seid alle Insel-Bewohner. Die Insel liegt mitten im Ozean, und ihr lebt vom Fischfang."

1. TAG

Anleitung	Bewegung
"Heute ist es sehr windig"	Rascheln mit Zeitungspapier,
"Alle Bewohner steigen zum Fischfang in ihre Boote"	in umgedrehte kleine Kästen, evtl. auf Rollbrettern setzen,
"Sie rudern gegen die Wellen an."	Gymnastikstäbe werden als Ruder benutzt,
"Heute haben sie wenig Glück beim Fischfang. Müde kehren sie zurück und schlafen."	auf die Weichbodenmatte legen.

Ruhige Musik spielen!

2. TAG

Anleitung	Bewegung
"Heute gehen die Inselbewohner in den Hafen zum Angeln."	Kinder setzen sich an den Mattenrand, um die Weichbodenmatten werden verschiedene Materialien verteilt, z.B. Ringe Seile, Papierkugeln u.a: mit Hockey-Schlägern oder Holzstäben versuchen die "Angler", diese "Fische" an Land zu ziehen,
"Abends sind wieder alle ganz müde und schlafen ein."	Kinder legen sich auf die Matte und werden mit einem großen Tuch zugedeckt!

3. TAG

Anleitung	Bewegung
"Es kommt ein großer Sturm auf. Seht ihr die schwarzen Wolken am Himmel? Hört ihr wie der Wind an euren Hütten rüttelt?"	
"Es beginnt zu regnen."	Übungsleiterinnen blasen Seifenblasen als Regentropfen über den Kindern, diese versuchen sie zu fangen - auch Kinder blasen lassen.
"Als der Sturm sich legt, schlafen alle wieder ein." Ruhige Musik spielen.	auf die Matte legen

4. Tag

Anleitung	Bewegung
"Heute wird eine Flaschenpost an Land gespült. Sie enthält eine Schatzkarte, die Hinweise auf versunkene Schätze im Meer gibt."	Verschiedene Dinge sind in der Halle versteckt, z.B. Sandsäckchen, Tücher, Luftballons u.a., die Schatzkarte ist ein Lageplan der Turnhalle, eingezeichnet sind die Orte mit den versteckten Schätzen.
"Wenn alle Schätze gefunden sind, kehren alle heim und legen sich schlafen".	auf der Matte hinlegen.
Ruhige Musik spielen!	

5. TAG

"Die Inselbewohner sind nun alle sehr müde. Es ist Sonntag und alle liegen im Bett und ruhen sich aus."

Entspannungsübung: z.B. "Meeresstimmung" (siehe nächste Themenstunde: DAS MEER, DIE SCHIFFE UND DER WASSERGEIST) oder Vorlesegeschichte (siehe Literaturliste).

Variation
Ergänzungs-Tage:

"Erkundung der Nachbar-Insel mit den Booten": Verschiedene Geräte-Aufbauten werden einbezogen, z.B. Hügel, Wackelbrücke, Höhle, Tunnel, Lianen.

✱ Abschluß:

DER WASSERGEIST (Spiel: siehe nächste Themenstunde: DAS MEER, DIE SCHIFFE UND DER WASSERGEIST)

DAS MEER, DIE SCHIFFE UND DER WASSERGEIST

✱ Anfang:

Gespräch über das Thema!

✱ Spiel:

DAS MEER

Bettlaken (evtl. zwei aneinander genähte Bettlaken) oder Schwungtuch.
Alle Kinder halten das Tuch fest. Durch Schüttelbewegungen wird die Wellenbewegungen des Meeres imitiert.

SCHIFF UND HAFEN

Bettlaken, Tennisball, Dose
Tennisball und Dose werden auf das Tuch gelegt.
Es gilt, das Schiff (= Tennisball), welches auf dem Meer (= Tuch) fährt, sicher in den Hafen (= Dose) zu lotsen.
Zuerst ist das Meer ganz glatt, alles ist still.
Langsam fängt der Wind an zu wehen (Tuch schütteln) und das Schiff sucht den Hafen (Ball muß in Dose).

DER WASSERGEIST

Aufstellung:

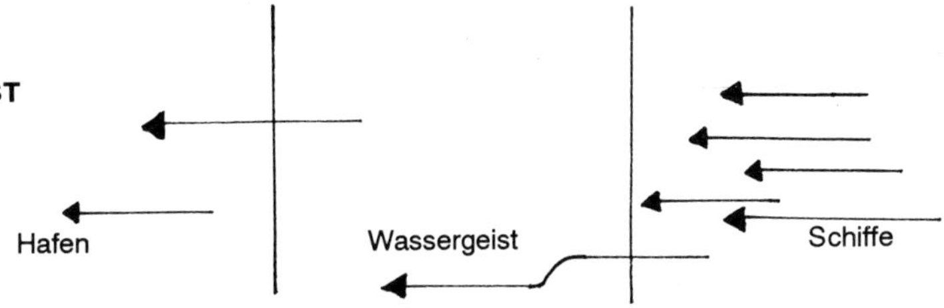

Der Wassergeist lebt vor dem Hafen und versperrt den Schiffen (= andere Kinder) die Einfahrt. Ruft der Wassergeist: "Ich bin der große Wassergeist und fange alle, die ich fangen kann, lauft - lauft !!!", versuchen alle Schiffe schnell den Hafen zu erreichen. Die gefangenen Schiffe werden in Steine verzaubert und liegen nun als Hindernisse vor der Hafeneinfahrt (auf dem Boden zusammengekauert).

BLINDE SCHIFFE (Fortsetzung vom Spiel: Der Wassergeist)

Der Wassergeist schläft und kann keine Schiffe mehr einfangen. Aber:
Es kommt Nebel auf! Die Schiffe müssen nun blind (mit geschlossenen Augen) übers Meer fahren und die Hafeneinfahrt finden. Evtl. weisen Heulbojen (Kinder, die heulende Geräusche imitieren) den Weg.

✱ Geräte-Aufbau:

SCHIFF
Große Mattenschaukel aus: Weichboden, Reckstange, 2 Ringpaaren, Hüpfseilen

BERG
Schiefe Ebene aus: Sprossenwand, 3 Bänken, 1 Weichboden, kleine Kästen, Seilen, Matten

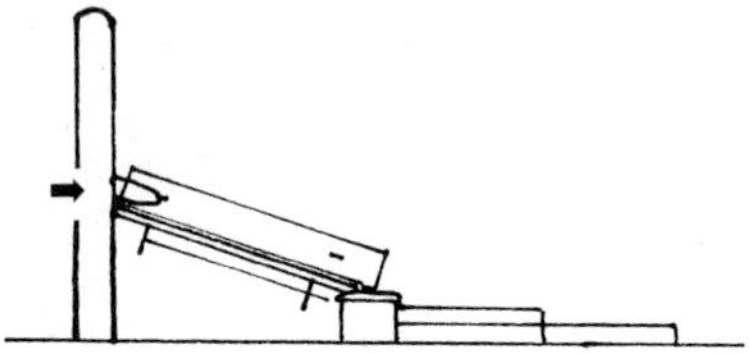

GROTTE
Tunnel aus: Bänken, kleinen Kästen, Kastenteile, Weichboden, oder kleinen Matten

(Foto: Ch.Krawietz)

RETTE SICH WER KANN (Fang-Spiel)

Alle Kinder (= Fische) laufen in der Halle (= schwimmen im Meer). Es kommt ein großer Sturm auf! Auf den Ruf: "Rette sich wer kann!" flüchten alle in die Grotte oder auf den Berg oder in das große Schiff.

✱ Abschluß:

ENTSPANNUNGS-ÜBUNG: -Meeresstimmung-

-"Wir liegen am Strand und hören die Wellen rauschen.

- Die Sonne scheint und es ist angenehm warm.

- Wir sind so richtig faul und schließen die Augen.

- Jetzt wühlen wir mal mit der linken Hand im Sand, dann mit der rechten, nun mit dem linken Fuß, dann mit dem rechten.

- Wir öffnen die Augen wieder und sehen, wie von links eine Wolke aufzieht.

- Malt mit einer Hand eine schöne dicke Wolke in die Luft.

- Jetzt kommt noch eine Wolke von rechts, malt auch diese Wolke.

- Noch eine Wolke von oben!

- Es fängt an zu regnen!

- Nehmt eure Finger und laßt den Regen auf euch niederrieseln.

- Wenn ihr am Strand liegt und euch ausruht, könnt ihr keinen Regen gebrauchen, deshalb schiebt ihr die Wolken beiseite.

- Nun scheint die Sonne wieder; greift mit den Händen in den Sand und fühlt noch einmal.

- Wer genau fühlt, merkt daß der Sand vom Regen noch naß ist.

- Im nassen Sand liegt es sich nicht so gut; deshalb stehen wir jetzt wieder auf, ganz langsam.

- Herzlich willkommen, zurück vom Meer in der Turnhalle".

4. GERÄTE - ARRANGEMENTS

Die Turngeräte werden so arrangiert und miteinander kombiniert, daß sie einem Abenteuerspielplatz gleichen. Die Kinder können hier elementare Bewegungsformen erproben: Schwingen, Klettern, Balancieren, Kriechen, Rollen, Springen u.s.w.

Jedes Kind hat die Möglichkeit, sich nach seinen Bedürfnissen und Fähigkeiten auf dem Abenteuerspielplatz zu vergnügen und Schwierigkeitsgrade selbst zu wählen. Die Übungsleiterinnen und Übungsleiter geben Unterstützung. Je nach Ausstattung der Halle, Zeit für Geräte-Aufbau und Anzahl der Helferinnen und Helfer können ein bis zwei Geräte-Arrangements oder entsprechend mehr aufgebaut werden. Mehrere Geräte-Arrangements lassen sich beliebig untereinander verbinden, so daß ein großes zusammenhängendes Spielgerät oder aber ein Parcours entsteht. Diese Geräte- Aufbauten lassen sich phantasievoll in gemeinsame Spiele oder Bewegungsgeschichten einbauen. Die größeren Kinder planen gerne mit, aber auch die kleinen können schon beim Auf- und Abbau mithelfen.
Durch den relativ hohen Zeitaufwand beim Auf- und Abbau ist es günstig, wenn mehrere Gruppen hintereinander die Geräte-Arrangements benutzen können.

Die folgenden Skizzen bewährter **Geräte-Arrangements** sind hier **nach Bewegungsformen geordnet: Balancieren und Gleichgewicht halten, Klettern und Springen, Schaukeln und Schwingen.**
Je nach Alter und Bedürfnissen der Kinder werden die Geräte steiler oder flacher aufgebaut.
Teilweise sind sie im Teil 3 "Bewegungsthemen für eine Stunde" wiederzufinden.

Alle Geräte-Arrangements müssen unbedingt durch Matten und ggf. Hilfestellung abgesichert werden!
In den nachfolgenden Skizzen sind Matten und Hilfestellungen zur Vereinfachung nicht eingezeichnet!
Da viele Geräte durch Seilverbindungen miteinander verbunden werden, gibt es am Schluß dieses Teils auch Skizzen für geeignete Knoten: **Knotenkunde**.

Hinweis zu den Skizzen:
Dieser Pfeil: ➡ bedeutet Seilverbindungen!
siehe Knotenkunde!

BALANCIEREN UND GLEICHGEWICHT HALTEN

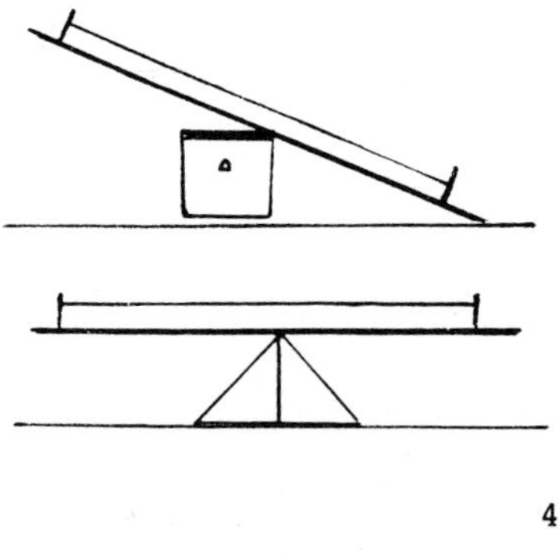

WIPPE

balancieren und wippen!

a) umgedrehte Bank auf kleinen Kasten auflegen

b) umgedrehte Bank auf zwei Schrägmatten Schaumstoffkeile legen

BANKPYRAMIDE

eine Bank auf zwei Bänke stellen, die daraufliegenden Medizinbälle müssen überstiegen werden.

WACKELSTEG

unter den Kastendeckeln liegen Medizinbälle
a) darauf aufgestellte Bank

b) darauf umgedrehte Bank

WABBELWEICHBODEN

Weichboden auf Medizinbälle legen

SCHWANKENDER STEG

umgedrehte Bank auf Weichboden legen

BALANCIERSTANGE

a) Reckstange auf zwei kleine Kästen legen

b) 2 Reckstangen parallel auf 2 kleinen Kästen
Vorsicht: Reckstangen können rutschen!

ROLLBANK

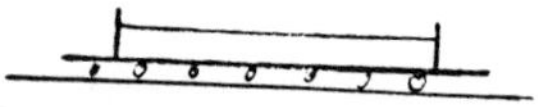

umgedrehte Bank auf Gymnastik-Stäbe legen, Kinder gehen über die Bank oder
Kinder sitzen auf der Bank, werden vor-und zurückbewegt,

WABBELVIERECK

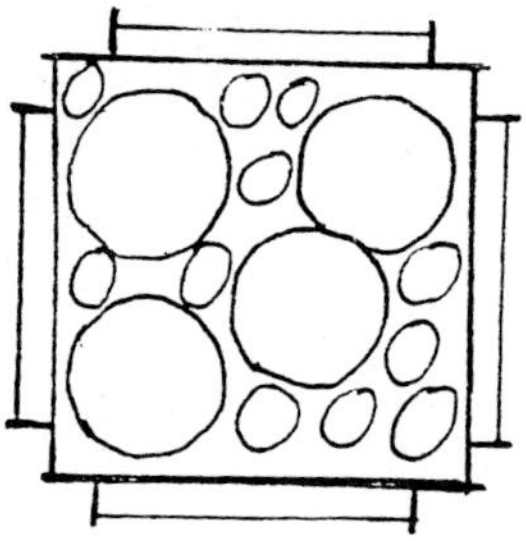

Bankviereck mit Pezzi-Bällen und Gymnastik-Bällen auffüllen

<u>Variation</u>
Weichboden auf Bälle legen, Kinder stehen, kriechen, robben, krabbeln,...

BRÜCKE

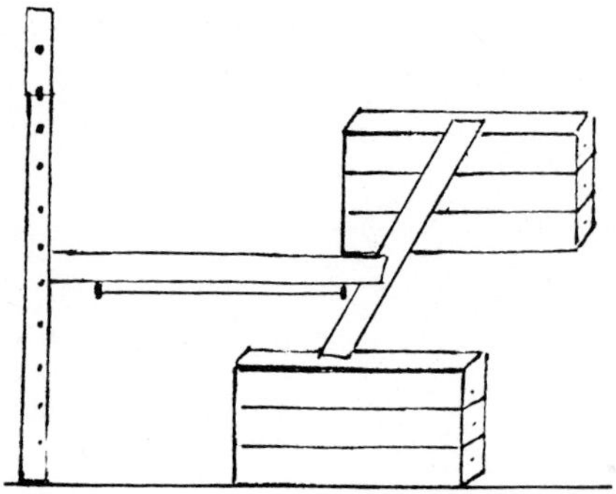

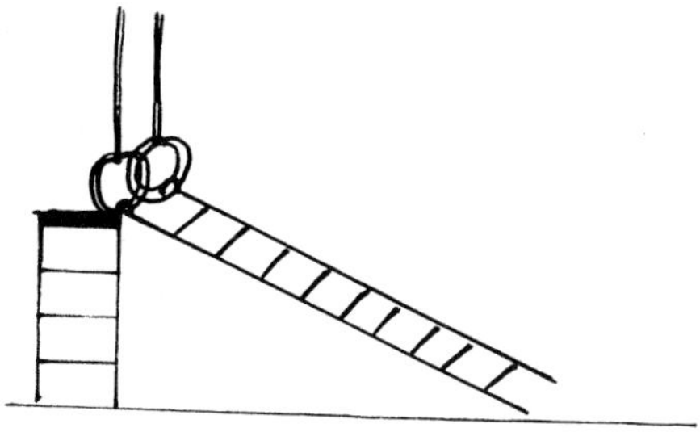

WACKELLEITER

Leiter in die Ringe einhängen, großer und/oder kleiner Kasten dienen als Abstiegshilfe

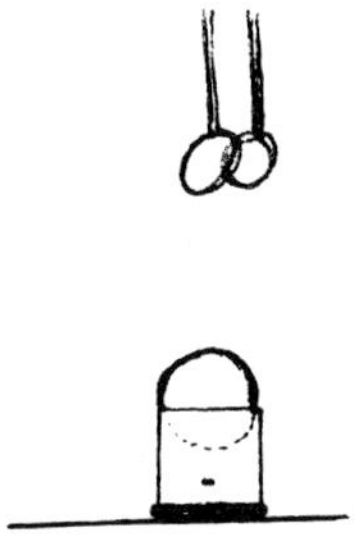

BALANCIERBALL

unter die Ringe Hüpfball in umgedrehten kleinen Kasten legen
mit Hilfe der Ringe auf dem Ball stehen, hüpfen,...

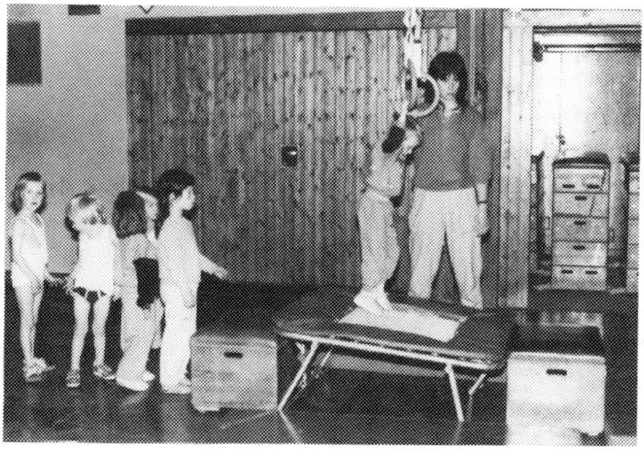

Variation
Trampolin unter die Ringe stellen

(Foto: M. Rohr)

WACKELBANK

a) Bank mit Seilen in die Ringe einhängen, Bank ist beweglich!

(Foto: Ch.Krawietz)

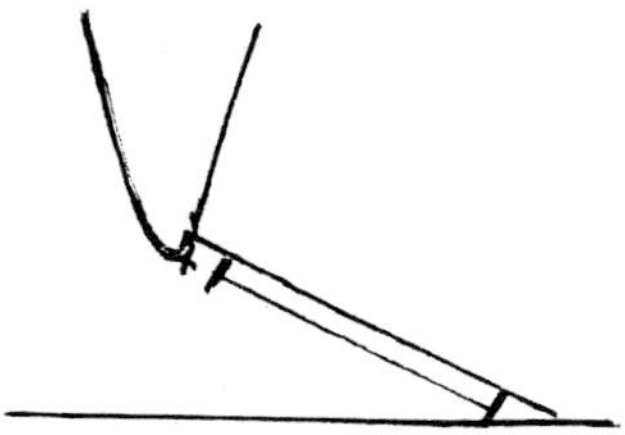

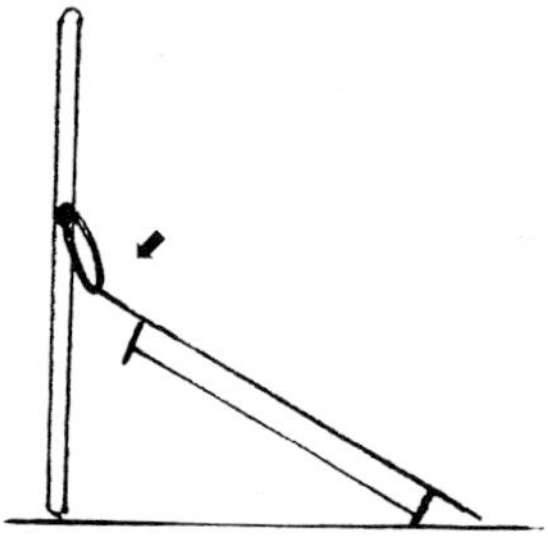

Variation

b) Bank in zwei zusammengeknoteten Taue einhängen.

c) oder: Bank mit Seilen in Reckstange einhängen,

d) oder: Bank in Barrenholmen einhängen, statt eines Seiles kann auch ein Deuserband (aus Gummi) verwendet werden, die Bank wippt dann zusätzlich nach oben und unten.

Kasten als Abstiegshilfen aufstellen oder Weichboden zum Abspringen!

➡ bedeutet Seilverbindungen

Foto: A.Krawietz

STEILWAND

Weichboden hochkant an einer Sprossenwand mit Hüpfseilen befestigen. Ein Tau von oben als Aufstiegshilfe herunterhängen lassen.

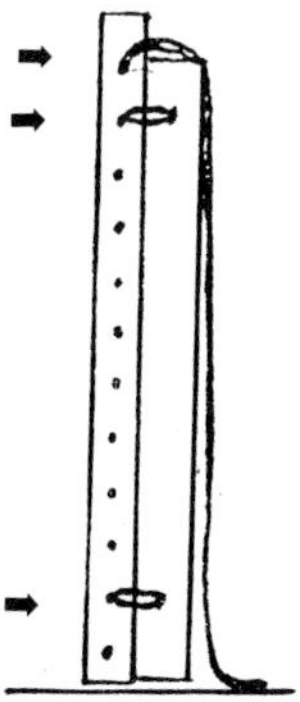

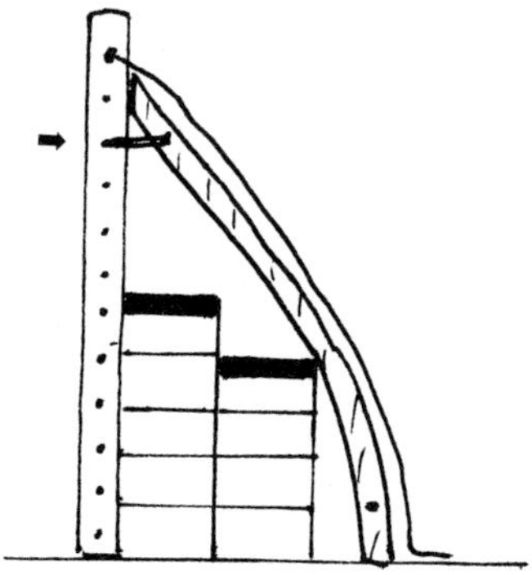

Variation
Kastentreppe zwischen Weichboden und Sprossenwand einbauen, dadurch ist Steilwand nicht mehr so steil

➡ bedeutet Seilverbindungen!

**STEILWAND-
WACKELBRÜCKE-
RUTSCHE**

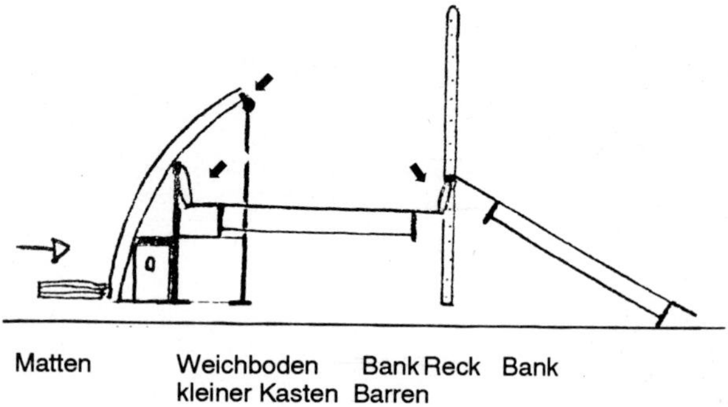

BERG

Weichboden über Stufenbarren legen, Kastentreppe dient als Auf- und Abstiegshilfe

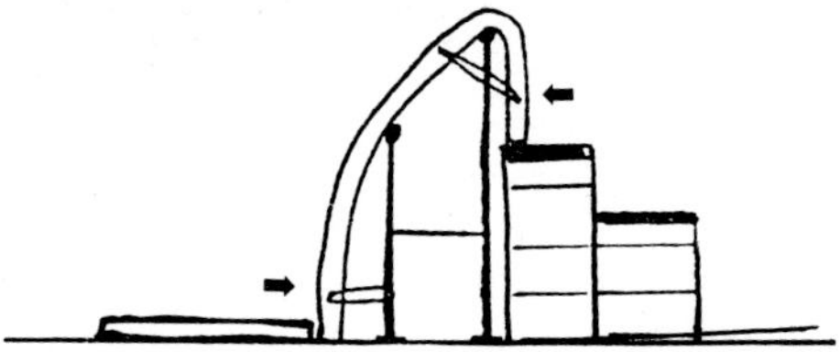

HOHE RUTSCHE

Aufstieg -
Sprossenwand
Abstieg - Bank

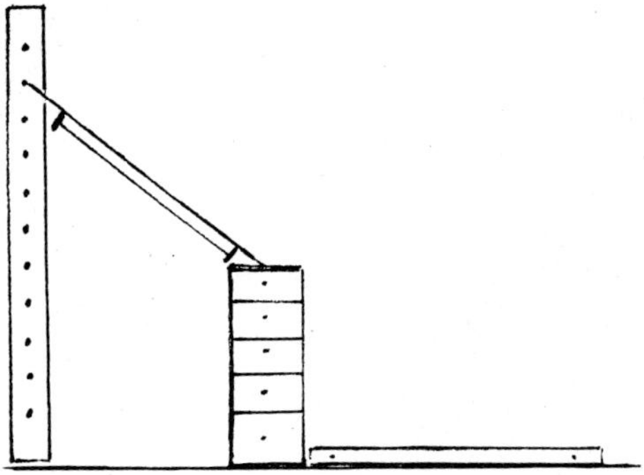

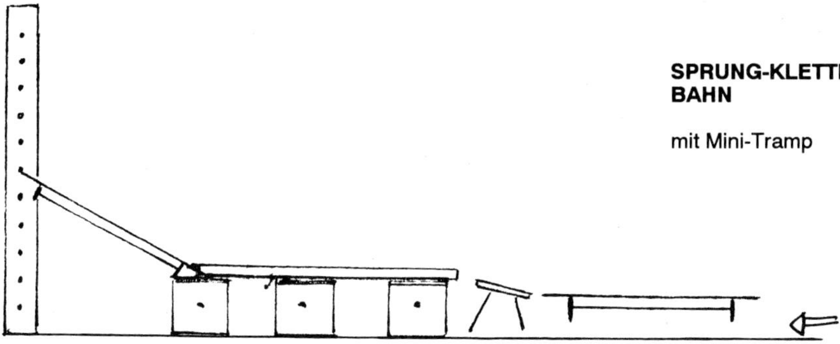

SPRUNG-KLETTER-BAHN

mit Mini-Tramp

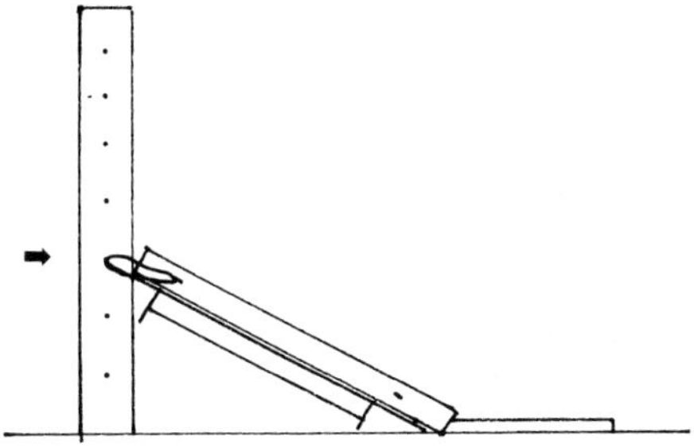

SCHIEFE EBENE

in die Sprossenwand drei Bänke einhängen, Weichboden oben auflegen

Variation
Kästen statt Bänke vor Sprossenwand stellen!

(Foto: Ch.Krawietz)

HÄNGEBRÜCKE

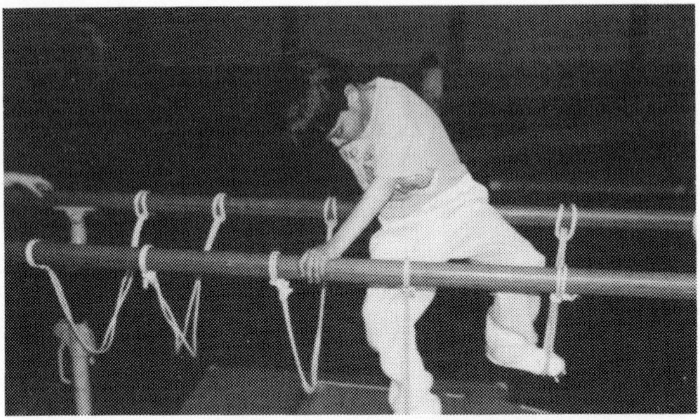

a) Seile zwischen Barrenholmen

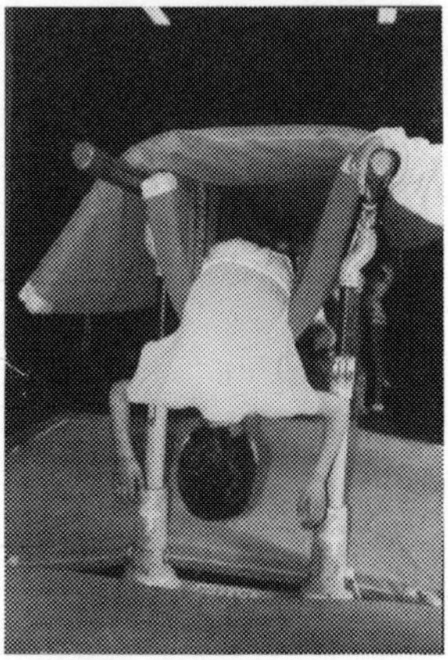

b) über die Seile Matten legen, weitere Matten über die Barrenholme Tunnel

c) Hängebrücke aus Tauen

(Fotos: A.Krawietz)

HÜGEL

Mattenbahn über mehrere kleine Kästen legen, zum Laufen, Gehen, Krabbeln, Rollen, Springen,...

HÜGELKETTE

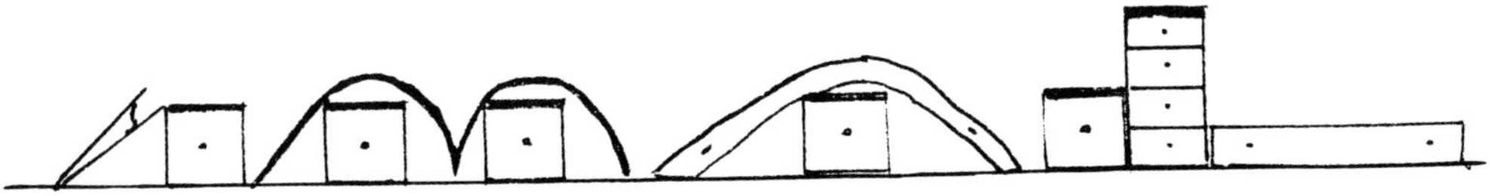

BERG- UND GLETSCHERBAHN

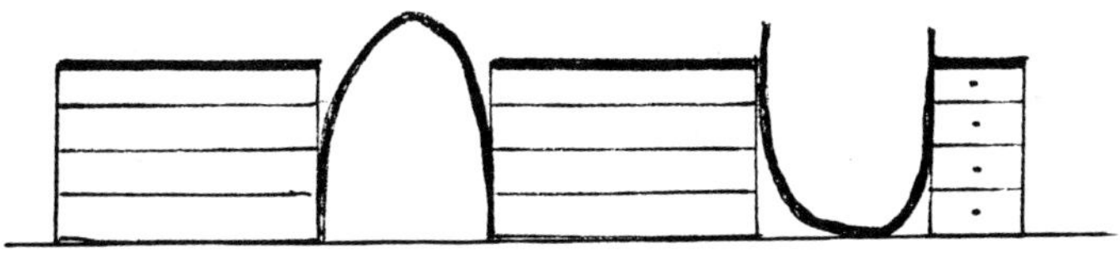

KLEINER UND GROSSER BERG

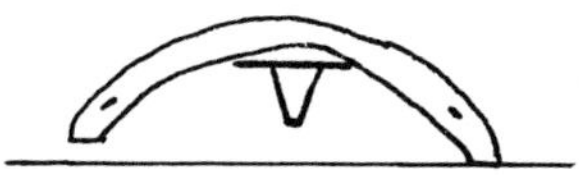

Matte über Bank legen

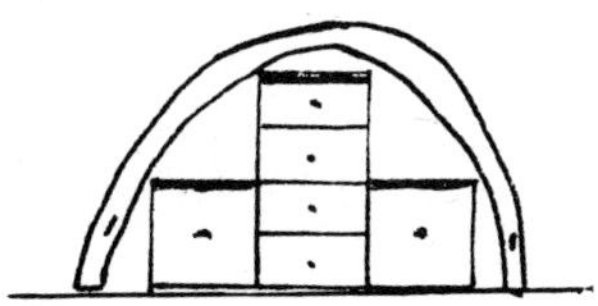

Weichboden über Kästen legen

SCHAUKELN UND SCHWINGEN

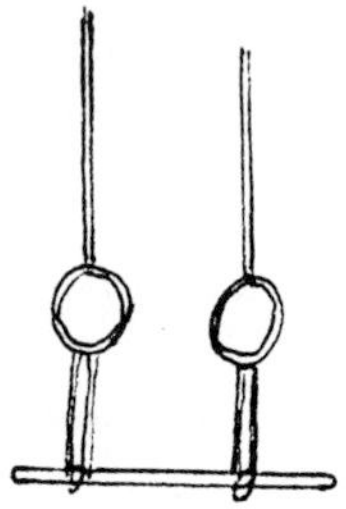

AUF- UND NIEDERSCHAUKEL

Gymnastik-Stab mit Hilfe einer Zauberschnur (Deuserband) an den Ringen befestigen, Zauberschnur mehrfach nehmen!
Kinder schaukeln und drücken sich dabei vom Boden ab(hoch und runter)

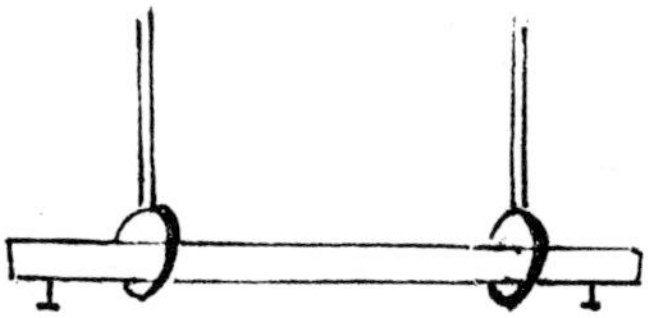

SCHAUKELBALKEN

Kleinen Schwebebalken durch Ringe stecken

Variation
Reckstange in Ringe einbinden

(Foto: Ch.Krawietz)

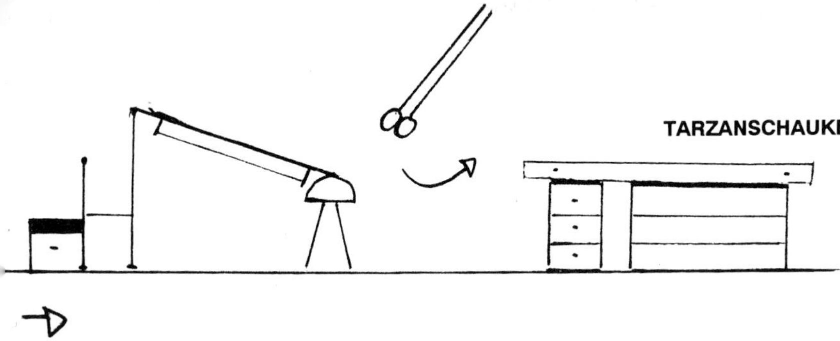

TARZANSCHAUKEL

FLUGSCHAUKEL

a) Seile gekreuzt in
2 Ringpaare festknoten,
kleine Matte obenauf legen

Matte obenauflegen.

b) 2 Reckstangen
mit Seilen in 2
Ringpaare knoten, Weichboden auflegen

(Foto: Ch.Krawietz)

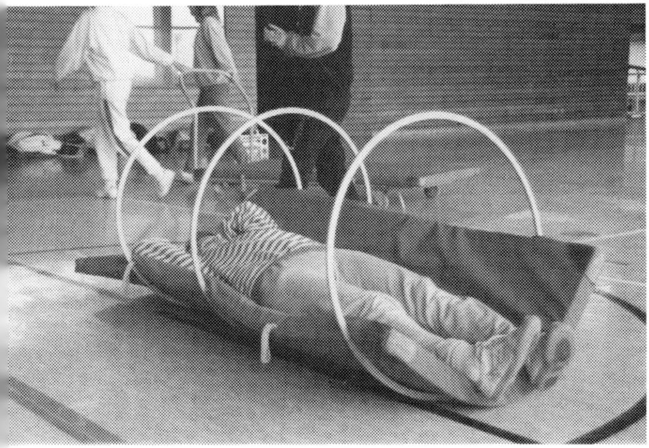

SCHAUKELMATTE

Turnmatte durch drei Reifen stecken

(Foto: M.Rohr)

KRIECHEN

TUNNEL

mit Bänken und Kastenteilen "Gassen" bilden, Matten auflegen,
bei langen Tunnelbahnen "Ausgänge" einbauen!

(Fotos: Ch.Krawietz)

KNOTENKUNDE

SPIERENSTICH

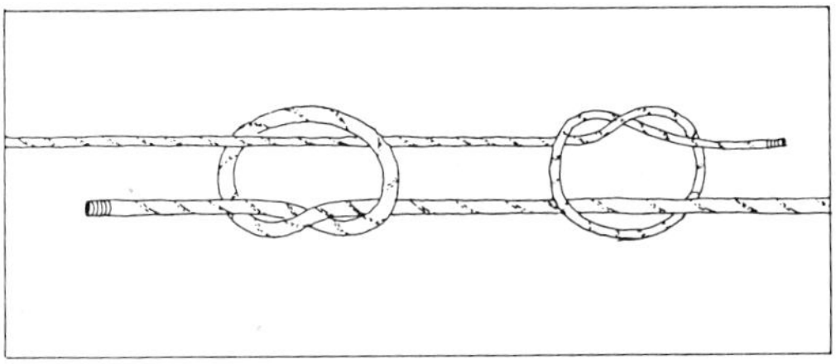

Verwendung: Verbindung von 2 Seilen (auch verschieden dick)

ACHTERKNOTEN

SACKSTICH

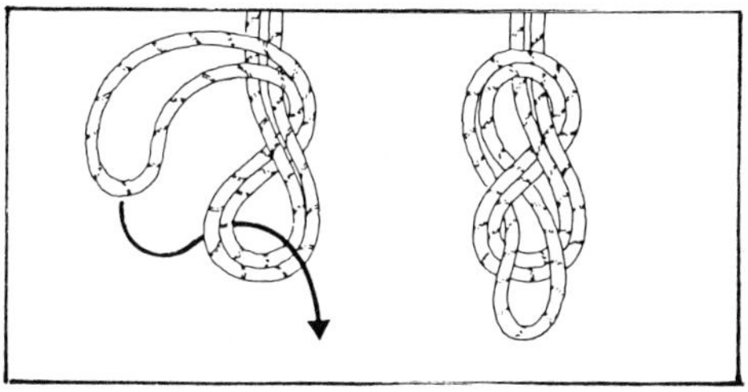

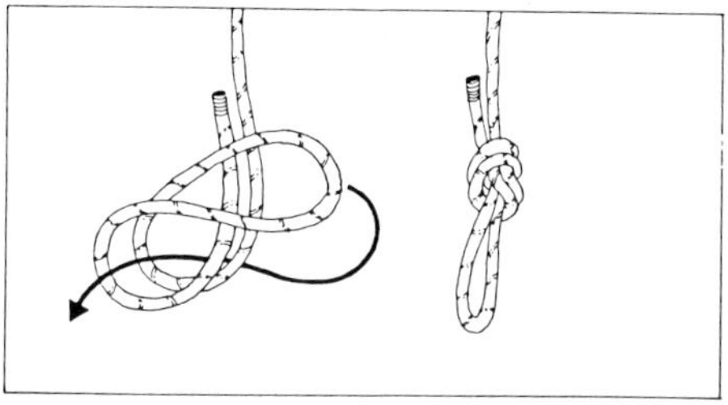

Verwendung: Seilschlingen, Verbindung zweier Seile, Befestigungsknoten.

Tip: der Achterknoten läßt sich nach Belastung leichter wieder lösen als der Sackstich.

MASTWURF, GELEGT

MASTWURF, GESTECKT

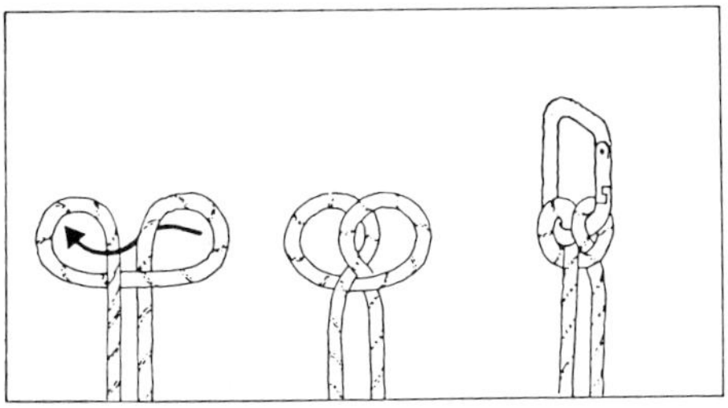

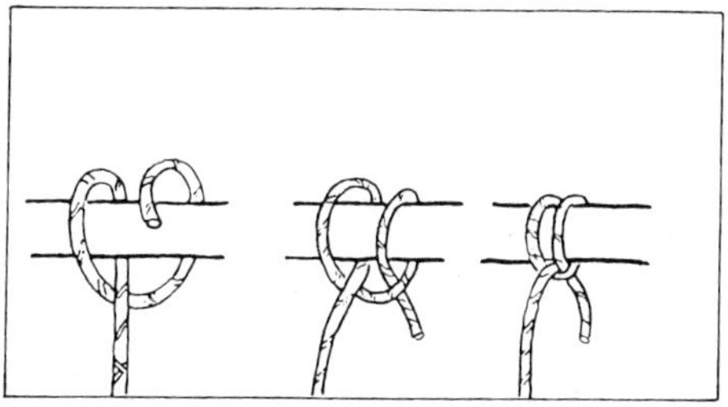

Verwendung: Befestigungsknoten
Beispiel: Seile, Taue an Reck, Barrenholmen, Sprossenwand befestigen

5. ALLERLEI SPIELE

Kinder wollen und müssen spielen. Über die Motivation des Spiels erhalten sie vielfältige Anreize in ihrer gesamten Entwicklungsförderung.

In jeder Übungsstunde sollte deshalb genug Zeit für gemeinsame Spiele bleiben.

Die nachfolgenden Spiele sind in verschiedene Bereiche eingeteilt. Es finden sich **Spiele zur Wahrnehmung** (akustisch-taktil-visuell), zur **Sozialerfahrung** (kooperative Spiele), **Laufspiele** und **Spiele mit dem Ball**.

So können gezielt Spiele nach didaktisch-methodischer Zielsetzung ausgesucht werden.

SPIELE ZUR AKUSTISCHEN WAHRNEHMUNG

FEUER - WASSER - ERDE (Geräuschunterscheidung)

Alle sitzen im Kreis zusammen.
Drei verschiedene Geräusch-Dosen werden vorgesellt. Die Kinder versuchen herauszufinden, mit welchem Inhalt die Dosen gefüllt sind (z.B. Nägel, Reis, Zahnstocher...), die unterschiedliche Geräusche erzeugen.
Dann wird zu jedem Geräusch eine Aufgabe festgelegt, z.B.
Geräusch I : alle laufen in eine Hallenecke
Geräusch II : alle steigen auf die Bänke
Geräusch III: alle legen sich auf den Boden.

GERÄUSCHESPIEL (Geräuschunterscheidung)

Alle sitzen zusammen im Kreis. Ein Kind schließt die Augen. Es soll erraten, welches Geräusch ein anderes Kind erzeugt, z.B.
- Zeitung zerreißen,
- klatschen, stampfen, Finger schnipsen,
- Holzstäbe aneinander klopfen,
- Reißverschluß öffnen.

Variation
- Verschiedene Bälle werden fallen gelassen: Tischtennisball, Medizinball, Gymnastikball, Tennisball, Holzkugel,
- In eine kleine Dose werden verschiedene Materialien gefüllt (Reis, Kieselsteine, Sand, Büroklammern...) und den Kindern gezeigt.

Alle Kinder, bis auf eines, das das Geräusch erzeugt, schließen die Augen und raten, welche Dinge rasseln.
- Unterscheidungen beim Rasseln:
  laut -leise,
  rechts - links,
  oben - unten - mitte.

TIERSTIMMENSPIEL (Geräuschunterscheidung)

Paarbildung - jedes Paar überlegt sich, welches Tier es mit der Stimme nachahmen will. Nun verteilen sich alle kreuz und quer in der Halle und schließen die Augen. Durch Nachahmung der Tierstimme sollen sich die Paare wiederfinden.

TAMBURIN-SUCH-SPIEL (Orientierung im Raum)

Alle Kinder schließen die Augen und bewegen sich krabbelnd durch den Raum. Die Übungsleiterin oder der Übungsleiter setzt sich im Raum hin und schlägt leise auf das Tamburin. Die Kinder sollen sich an dem Geräusch orientieren und hinkrabbeln.

Variation
- Es gibt mehrere "Geräuschquellen" im Raum. Nun gilt es, sich zu entscheiden, welchem Geräusch gefolgt werden soll.
- Ein Kind versteckt sich mit dem Tamburin in der Halle (Geräte -Aufbauten als Verstecke); sobald die anderen suchen, schlägt es leise auf das Tamburin.

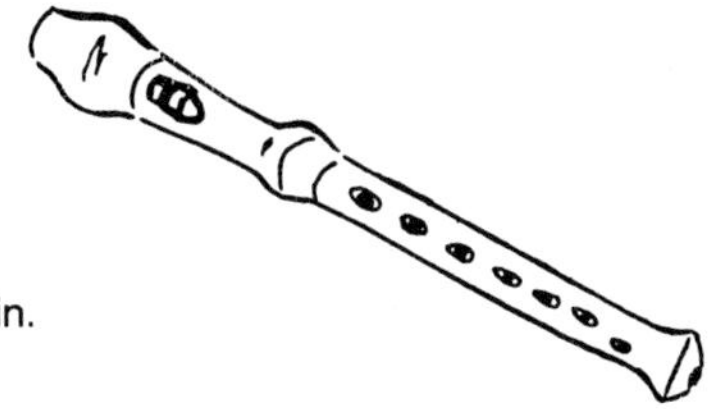

FLÖTENSPIELER (Lautunterscheidung)

Die Kinder bewegen sich in der Halle.
Erklingt ein hoher Flötenton, bleiben alle stehen.
Erklingt ein tiefer Flötenton, machen sich alle Kinder ganz klein.

RHYTHMUSSPIEL (Unterscheidung von Rhythmen)

Alle sitzen zusammen im Kreis. Die Übungsleiterin, der Übungsleiter oder ein Kind klatscht einen Rhythmus vor, die anderen klatschen ihn nach.

Variation
Statt zu klatschen, klopfen alle mit einer Keule auf den Boden.

SPIELE ZUR TAKTILEN WAHRNEHMUNG

FÜHREN UND FOLGEN (Reagieren auf Bewegung)

Zwei Kinder halten zusammen einen Reifen fest. Eines von ihnen ist das Pferd und wird durch das andere, den Kutscher, durch den Raum gelenkt.

VERZAUBERN (Reagieren auf Berührung)

Ein mächtiger Zauberer will, daß die Kinder ihm folgen. Er berührt sie an einer Stelle am Körper - schon sind sie verzaubert und legen ihre Hand auf die berührte Stelle, während sie ihm folgen.

WER BIST DU? (Reagieren auf Berührung)

Sitzkreis
Ein Kind mit verbundenen Augen kriecht im Kreis bis es ein anderes Kind berührt hat. Durch Befühlen versucht es, das Kind zu erkennen und sagt dessen Namen.

Variation
Es dürfen nur Füße oder Hände oder Gesicht befühlt werden.

GEGENSTÄNDE ERRATEN (Materialerfahrung)

Verschiedene Materialien liegen unter einem Tuch (Bettlaken), z.B. Schlüssel, Seil, kleine Bälle, Tücher, Besteck, Bleistift, Zeitung.
Durch Ertasten sollen die Gegenstände erraten werden.

Variation
- Aufgabe: "Findet zuerst den Schlüssel!"
- Die Kinder greifen unter das Tuch und berühren die Gegenstände direkt.
- "Stecknadeln" (z.B. Bleistift, Strohhalme) müssen im "Heuhaufen" (andere Gegenstände) gefunden werden.

SCHUHE SORTIEREN (Materialunterscheidung)

Sitzkreis
Alle Kinder ziehen die Schuhe aus und legen sie durcheinander auf einen Haufen. Ein Kind versucht mit verbundenen Augen, die Schuhe nach Paaren zu sortieren.

Variation
- Löffel und Gabeln sortieren,
- verschiedene Bälle sortieren.

SPÜR-PARCOURS

Vom Erspüren der Materialien zum Balancieren über den Parcours:
Verschiedene Materialien, z.B.

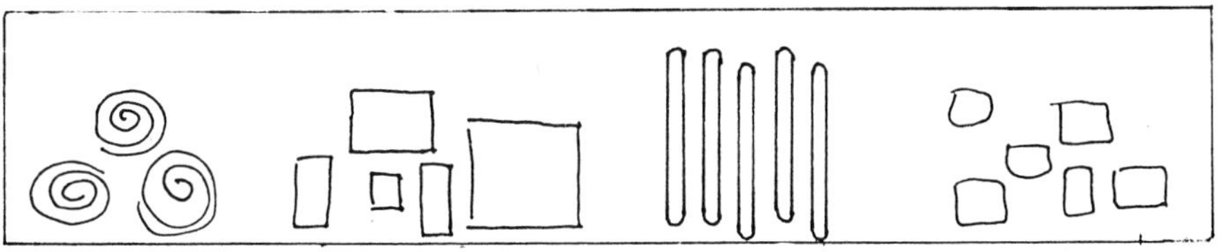

Seile Schaumstoffteile Gymnastikstäbe Sandsäcke

werden mit einem Gymnastikläufer oder Isomatte, Decke usw. überdeckt.

Die Kinder sollen nun nacheinander
- mit den Händen die Stationen ertasten;
- sich auf die verschiedenen Stationen mit dem ganzen Körper legen: einzeln oder zusammen mit anderen;
- sich im Vierfüßler-Gang über den Parcours bewegen;
- sich im Knie-Stand über den Parcours bewegen;
- über den Parcours gehen (evtl. mit Stab als Führungshilfe);
- beim Darübergehen kleine Gegenstände, z.B. Sandsäckchen transportieren.

FÜSSE, FÜSSE, FÜSSE

Sitzkreis
Alle Kinder haben die Augen geschlossen. Mit bloßen Füßen sollen sie verschiedene Gegenstände erraten, z.B. Bürste, Seil, Sandsäckchen, Bierdeckel, Schmirgelpapier, Plastik-Tüte.

FUSSPARCOURS

In mehrere Behälter (umgedrehte kleine Kästen, Kastenteile, Reifen, Kartons) werden verschiedene Materialien gelegt. Die Kinder begehen barfuß den Parcours und erspüren die Materialien. Weitere Durchgänge mit verbundenen Augen (evtl. Kind führen), ggf. Reihenfolge der Behälter vertauschen. Geeignete Materialien: Zeitungspapier, Korken, Kastanien, Seile, Sandsäckchen, Stoff, Mülltüten usw.

SPIELE ZUR VISUELLEN WAHRNEHMUNG

VERKEHRSSPIELE (Farbdifferenzierung)

Alle Kinder bewegen sich als Autos durch den Raum. Sie müssen dabei die Ampel beachten. Der Übungsleiter oder die Übungsleiterin hält abwechselnd verschiedenfarbige Tücher hoch:
rotes Tuch - Stop,
gelbes Tuch - Achtung, langsam fahren,
grünes Tuch - freie Fahrt, so schnell es geht.

Variation
Mit Seilen, Stäben oder anderen Gegenständen werden Straßen und eine Kreuzung gebaut. Die Ampel regelt den Verkehr an der Kreuzung.

DOSENWERFEN (Auge-Hand-Koordination)

Dosen oder Joghurtbecher werden als Pyramide auf einem Kasten aufgebaut. Mit einem Tennisball versuchen die Kinder, die Pyramide zu treffen.

Variation
Die Pyramide wird auf dem Boden aufgebaut, der Ball gerollt. Statt der Pyramide können auch Keulen aufgestellt werden.

WAS FEHLT

Sitzkreis
Im Kreis liegen verschiedene Gegenstände. Nachdem sich die Kinder diese Gegenstände eingeprägt haben, schließen sie die Augen. Die Übungsleiterin oder der Übungsleiter nimmt 1-2 Gegenstände weg.
Die Kinder sollen benennen, was fehlt.

BÄUMCHEN, BÄUMCHEN WECHSEL DICH (Raumorientierung)

Kreisaufstellung, jedes Kind steht in einem Reifen. Ein Kind hat keinen Reifen und ruft: "Bäumchen, Bäumchen wechsle dich!" Daraufhin sucht jedes einen neuen Reifen. Wer keinen findet, ruft von neuem zum Wechsel.

HUND AN DER LEINE (Auge-Hand-Koordination)

Jedes Kind versucht, einen Ball (= Hund) mit Hilfe eines Gymnastikstabes (= Leine) durch den Raum zu führen.

SCHLANGENKÖNIG (Figur-Grund-Unterscheidung)

Ein Kind zieht ein Seil hinter sich und bewegt es hin und her. Die anderen versuchen, darauf zu treten.

SPIEGELBILD (Reagieren auf optische Reize)

Die Übungsleiterin, der Übungsleiter oder ein Kind zeigen eine Bewegung, z.B. Hüpfen, Arme hochstrecken, die anderen Kinder ahmen die Bewegung spiegelbildlich nach.

<u>Variation</u>
Die Übung wird als Partner-Übung durchgeführt.

SCHWARZ-WEISS (Reagieren auf optische Reize)

Alle stehen in der Hallenmitte. Die Übungsleiterin oder der Übungsleiter werfen eine Karte hoch, die auf der einen Seite weiß, auf der anderen Seite schwarz ist. Liegt am Boden die schwarze Seite der Karte oben, laufen alle Kinder in die Hallenecken,liegt die weiße Seite oben, bleiben die Kinder stehen oder legen sich alle Kinder auf den Boden.

<u>Variation</u>
Zwei Mannschaften stehen sich auf zwei Linien im Abstand von ca. 5-10 Meter gegenüber. Eine Mannschaft ist "Weiß", die andere "Schwarz". Hält der Übungsleiter oder die Übungsleiterin die Farbe weiß hoch, muß die Mannschaft "Weiß" die Mannschaft "Schwarz" fangen. "Schwarz" dreht sich schnell um und läuft zur Wand. Wer an der Wand angelangt ist, bleibt bei "Schwarz", wer vorher abgeschlagen wurde, wechselt zu "Weiß".
Zeigt die Karte schwarz, fängt Mannschaft "Schwarz".

LAUFSPIELE

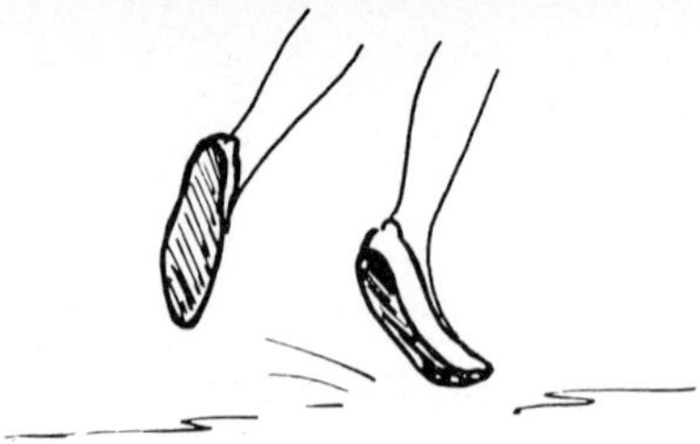

REIFENSTECHER (Fangspiel mit Helfern)

Alle Kinder sind Autos, ein Kind ist der Reifenstecher. Der Reifenstecher sticht die Autoreifen platt. Wer von ihm berührt wird, geht mit einem lauten Ausatmen/Pusten in die Hocke ➻ aus dem Reifen geht die Luft hinaus.
Die Kinder können sich aber gegenseitig wieder aufpumpen, in dem sie dem hockenden Kind auf die Schulter drücken und "Pump-pump-pump"! sagen . So füllt sich der Reifen wieder mit Luft, was mit einem lauten Einatmen begleitet wird, und das "Auto" kann wieder losfahren.

VERZAUBERN UND ERLÖSEN (Fangspiel mit Helferin)

Ein Kind ist der Zauberer. Wird eines der Kinder von ihm berührt, ist es versteinert und muß auf der Stelle stehenbleiben und zwar in der Position, in der es gerade war. Ein anderes Kind ist die gute Fee, wer von ihr berührt wird, ist erlöst und darf wieder rennen.

Variation
Verzaubern: mit beiden Händen auf die Schulter fassen.
Erlösen : zu zweit einhaken und einmal im Kreis drehen.

Variation
Mit Musik: Wenn die Musik stoppt, bleiben alle wie versteinert stehen. Wenn die Musik wieder läuft, sind alle erlöst und können nach der Musik tanzen.

GIFT

Ein Kind ist das Giftmännchen. Alle anderen Kinder halten sich an ihm fest (Kleidung anfassen). Das Giftmännchen erzählt eine Geschichte , wenn in ihr das Wort "Gift" vorkommt, laufen alle schnell fort. Nun versucht das Giftmännchen ein Kind zu fangen. Gelingt das, ist dieses Kind das neue Giftmännchen. (Evtl. Giftmännchen erlösen und jemand Neuen aussuchen).

DER LÖWE

Die Kinder liegen in der Raummitte auf dem Boden. Sie sind die Jäger und lauern auf Beute. Ein Kind schleicht als Löwe durch das Gebüsch, er will einen Jäger fangen. Der Löwe ahmt das raschelnde Gebüsch nach, erst leise dann immer lauter: "Kruschel, kruschel, kruschel!" (evtl. Hände aneinander reiben).
Wenn das Rascheln ganz laut ist, rennen die Jäger schnell fort, da sie Angst vor dem Löwen haben. Ist ein Jäger gefangen, erfolgt ein Rollentausch.

NACHLAUF MIT RUTE

Das Fänger-Kind hat zum Abschlagen ein Schaumstoffteil oder zusammengerolltes Zeitungspapier in der Hand.

Variation
Es kann nicht abschlagen, wenn sich zwei Kinder die Hand geben (evtl. 2 Fänger einsetzen).

AUTORENNEN

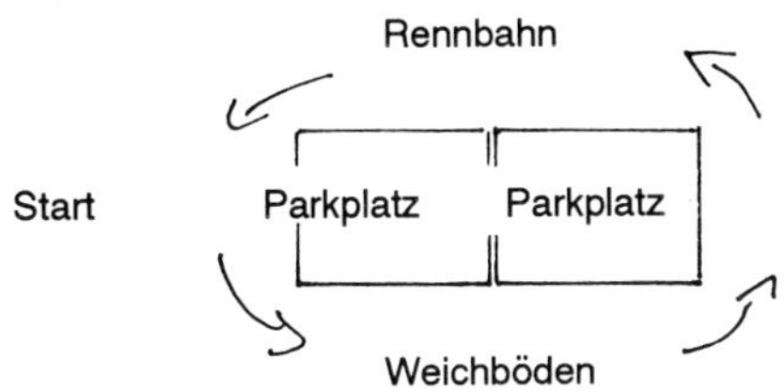

Die Kinder fahren als Autos auf der Rennbahn (um die Weichböden) im Kreis. Wer müde ist, ruht sich auf dem Parkplatz aus. Wer Sprit für sein Auto braucht, fährt an die Tankstelle (2 Bänke). Dort ist ein Tankwart der (pantomimisch) die Autos auftankt (evtl. mit Heulrohr).
Vielleicht ist ein Auto kaputt? Dann sollte es schnell in die Werkstatt (=Tankstelle) fahren (zwischen die 2 Bänke fahren).

Anmerkung:
Die Kinder können sich bei diesem Spiel sehr gut ihre benötigten Pausen selbst nehmen und Ausgleich zwischen Ruhe und Belastung finden.

Variation
- Alle an den Start! Auf die Plätze fertig los!
- Es sind 2,3,4,... Runden zu fahren!
- Die Rundenzahl wird gewürfelt (evtl. großer Schaumstoffwürfel);
- Doppelrennen - zu zweit hintereinander Runden drehen;
- Tandemrennen - zu zweit, ein Kind schließt die Augen, das andere führt;
- Hindernisrennen - auf der Rennbahn werden Hindernisse zum Slalomfahren, Unterfahren oder Überspringen eingebaut.

SCHLAFENDER RIESE

Ein "schlafender Riese" liegt in einer Höhle (z.B. Matten, mit kleinen Kästen abgetrennt Ecke...) und schnarcht. Die "Zwerge" schleichen sich von weit weg an und versuchen den Riesen durch Streicheln, Kitzeln, Rufen u.a. aufzuwecken.
Der Riese wacht irgendwann ganz ärgerlich auf und versucht die Zwerge zu fangen. Diese flüchten schnell in ihr Haus hinter einer bestimmten Linie, (Matte) zurück. Wer gefangen wird, wird auch zum Riesen und geht mit in seine Höhle. Die Zwerge schleichen sich erneut an. Die Riesen können ein gemeinsames Kommando vereinbaren, damit sie zusammen aufwachen und zum Fangen starten.

MÜTZENNACHLAUF (Fangspiel)

Das Fänger-Kind, hat eine Mütze auf dem Kopf, so wissen alle Kinder, wer der Fänger ist. Wenn eines von ihnen abgeschlagen wird, stellt es sich in Grätschstellung hin und kann befreit werden, wenn ein anderes freies Kind durch seine Beine krabbelt. Von Zeit zu Zeit soll der Fänger gewechselt, evtl. mehrere Fänger eingesetzt werden.

SPIELE ZUR SOZIALERFAHRUNG (Kooperative Spiele)

SCHLAFMÜTZE (Fangspiel mit Helfern)

Ein Kind ist die "Schlafmütze" und hat eine Mütze auf dem Kopf. Wer von ihm berührt wird, verfällt sofort in tiefen Schlaf und liegt regungslos am Boden. Das Kind kann befreit werden, wenn mindestens 2 Kinder es auf die "Zaubermatte" tragen. Dort erwacht es durch die Kräfte der Zaubermatte.

MATTENLAUFEN (Kooperation der Gruppe)

Die Kinder stehen in Gruppen an einer Hallenseite, jede Gruppe auf einer Matte. Mit Hilfe von einer 2. Matte soll die andere Seite der Halle erreicht werden, ohne daß ein Gruppenmitglied den Boden berührt.

DREIBEINLAUF (Partneranpassung)

Zwei Kinder stehen nebeneinander an einer Hallenseite und verbinden die Fußgelenke der zwei nebeneinanderstehenden Beine (mit Tuch, Seil). So verbunden sollen sie die andere Hallenseite erreichen.

Variation
- Start mit Gesicht zur Wand, sich herumdrehen und zur anderen Seite laufen,
- Ball vor sich herrollen,
- Hindernisparcour, z.B. über die Längsbank laufen, evtl. Kästen übersteigen,
- Aufstehen und Hinsetzen,
- Seilspringen.

TAUSENDFÜSSLER (Problemlösung)

Zu zweit sollen die Kinder mit einer vorgegebenen Anzahl von Händen und Füßen ein bestimmte Strecke überwinden, z.B.
mit 4 Füßen und 2 Händen,
mit 2 Füßen und 4 Händen,
mit 2 Füßen und 1 Hand,
mit 1 Fuß und 2 Händen.

WENIGFÜSSLER

Eine Kleingruppe (4 bis 5 Kinder) soll gemeinsam von einer Hallenseite zur anderen gelangen und dabei so wenig Hände und Füße wie möglich auf den Boden setzen.

SCHATTENLAUFEN (Partneranpassung)

Ein Kind läuft durch den Raum, das andere Kind versucht ihm als Schatten zu folgen und dicht auf den Fersen zubleiben.

SPIEGEL

Zwei Kinder stehen sich gegenüber.
Das eine bewegt sich (nur Arme oder den ganzen Körper) und das andere versucht, sein Spiegelbild zu sein und alle Bewegungen gleichzeitig zu imitieren.

TEUFELSPIEL (Fangspiel mit Helfern)

Ein Kind steht als "Teufel" auf einem Kasten in der Mitte des Raumes. Er nennt eine Zahl, z.B. 3, d.h. drei Kinder finden sich zusammen, wer alleine ist darf vom Teufel gefangen werden und ist dann der neue Teufel.

Variation
Die anderen Kinder können demjenigen der alleine ist helfen, d.h. eine Dreiergruppe löst sich auf und zwei eilen ihm zur Hilfe. Nun muß der "Teufel" ein neues Kind jagen.

PARTNERSUCHE

Alle Kinder laufen in der Halle herum. Auf den Ruf "Partnersuche", suchen sich alle Kinder schnell einen Partner und laufen mit ihm zusammen weiter. Auf erneuten Ruf, suchen sich die Kinder einen neuen Partner.

Variation
- Musik laufen lassen, bei Musikstop ist Partnerwechsel;
- Die Paare trennen sich nicht, bis zum Schluß alle Kinder eine lange Reihe bilden.

BAUMSTAMM ROLLEN

Der "Baumstamm" (Kind A liegt in Bauchlage) wird vom "Waldarbeiter" (Kind B) zum Holzstapel (z.B. Hallenwand) gerollt. Rollentausch!

KETTENNACHLAUF

Ein Kind beginnt zu fangen. Das abgeschlagenen Kind schließt sich durch Handfassung jeweils dem fangenden Kind an. Besteht die Kette aus vier Gliedern, teilt sie sich.

Variation
Die Kette teilt sich nicht und wird immer länger, so können noch freie Läufer auch eingekreist werden.

SPIELE MIT DEM BALL

HALTET DEN KASTEN VOLL

Ein Kind steht in einem offenen Kasten ohne Deckel, der mit Bällen gefüllt ist. Es versucht alle Bälle, die dort drin sind, rauszuwerfen. Die anderen Kinder sammeln diese Bälle gleichzeitig wieder ein und werfen sie in den Kasten zurück.

Variation
Statt dem großen Kasten werden ein umgedrehter kleiner Kasten als Korb sowie Tennisbälle eingesetzt.

HALTET DAS FELD FREI

Zwei Mannschaften stehen sich jeweils in ihrem Feld gegenüber (Bänke als Trennlinie). In jedem Feld liegen gleich viele Bälle. Welche Mannschaft schafft es, ihr Feld frei von Bällen zu räumen?

Variation
Die "weißen Siedler" befinden sich in ihrer Wagenburg (mit kleinen Kästen abgetrennte Ecke). Die "Indianer" greifen an und versuchen, möglichst schnell alle Bälle in die Wagenburg hineinzuwerfen. Die Siedler verteidigen sich und werfen die Bälle zurück.

SAUTREIBEN

Die Kinder stehen alle hinter einer Linie (Bänke) jedes Kind hat einen Ball. Sie versuchen durch einen Gymnastikball, einen Push-Ball (Medizinball) auf die andere Hallenseite zu treiben.

Variationen
- Zwei Gruppen stehen jeweils hinter einer Linie (Bänke) und versuchen einen Ball, der zwischen ihnen liegt, durch gezielte Würfe auf die Linie (gegen die Bank) der anderen Gruppe zu treiben.

- Vier Gruppen verteilen sich an die vier Seiten eines Bankviereckes und versuchen, den Ball an eine andere Bank zu treiben.

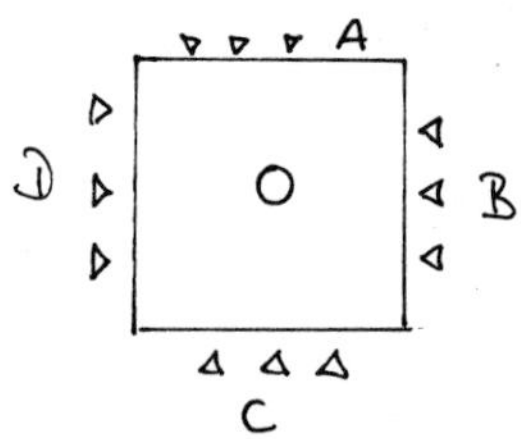

BURGBALL

Die Kinder stehen auf einem Mattenkreis und versuchen, mit Bällen eine Keule, die in der Mitte des Kreises aufgestellt ist, abzuwerfen. Die Keule wird von einem Keulenwärter bewacht, der die Bälle mit seinem ganzen Körper abwehren darf.

ÜBERRASCHUNGSBALL

Zwei Felder sind durch einen aufgestellten Weichboden abgetrennt (Weichboden zwischen zwei Längskästen oder in einen Barren stellen). Wie bei "Ball über die Schnur" werden Bälle (1-3) auf die andere Seite geworfen, die Bälle dürfen nicht auf den Boden fallen, sonst gibt es einen Minuspunkt.
Es kann jedoch auch, ohne zu zählen, gespielt werden !

ALLE GEGEN ALLE

Die Kinder bewegen sich frei in der Halle. Ein Kind erhält einen Ball und versucht, ein anderes abzuwerfen. Nun kann sich jedes den Ball erobern und wiederum versuchen, einen Mitspieler abzuwerfen. Wer getroffen wird, setzt solange aus, bis das nächste Kind abgeworfen wird. Der Ball kann gefangen werden.

Variation

ALLE GEGEN ALLE MIT GEFÄNGNIS

Eine Ecke der Halle wird mit einer Bank abgesperrt, das "Gefängnis". Vor dem Gefängnis befindet sich nun noch ein Kind als Wächter. Wer beim Spiel abgeworfen wird, muß in das Gefängnis, kann sich aber durch eine Flucht befreien. Wird das Kind bei der Flucht vom Wächter abgeschlagen, muß es zurück in das Gefängnis.

LEBENDIGES ZIEL

Zwei Mannschaften stehen sich gegenüber (Trennlinie durch Bänke). Jede bestimmt einen Spieler, der von der anderen Mannschaft nicht getroffen werden darf. Jede Mannschaft muß also ihr "lebendiges Ziel" beschützen und das der anderen Mannschaft abwerfen.

NACHLAUF MIT BALL

Gespielt wird zuerst wie ein ganz normales Nachlaufspiel. Nun sind aber 2-3 Bälle im Spiel. Wer einen Ball in den Händen hält, kann nicht abgeschlagen werden. Hierbei gilt es aufzupassen: wo ist ein Spieler in Not und braucht einen Ball als Hilfe ?

Anmerkung:
Bei diesem Spiel kann man sehr gut schwachen Läufern helfen.

BALLSTATIONEN
An verschiedenen Ballstationen können die Kinder spielerich Bewegungsaufgaben lösen, bei denen der Umgang mit Bällen (Ballspiel) geübt wird.

GASSEN KEGELN

Mit zwei Bänken (zur Seite gelegt) wird eine Gasse gebildet, an deren Ende Keulen stehen. Gekegelt wird mit einem Gymnastikball.

Variation
- Verschiedene Bälle probieren: Medizinball, Tennisball ...;
- statt der Keulen einen kleinen Kasten hinlegen, in den der Ball rollen kann.

BANKROLLEN (mit Sprossenwand)

Eine Bank wird schräg in die Sprossenwand eingehängt oder auf einen Kasten aufgelegt. Am Bankende steht ein umgedrehter kleiner Kasten, in den der Ball rollen muß.

TISCHTENNISBALL IM JOGHURTBECHER

Der Ball muß aus dem Becher hochgeworfen und wieder aufgefangen werden.

Variation
Ball einmal auf dem Boden prellen lassen, dann auffangen !
Tischtennisball mit Tischtennisschlägern an die Wand schlagen.

EIERKARTON ZIELEN

Einen Eierkarton offen auf den Boden stellen. Die Kinder knien ca. 1m davor und versuchen, Tischtennisbälle in die Mulden zu treffen.

Variation
Mulden verschiedenfarbig ausmalen. Für verschiedene Mulden gibt es unterschiedliche Punkte.

REIFEN ZIELEN

Ein Gymnastikreifen wird mit einem Seil in ein Tor o.ä. aufgehängt. Es gilt, mit dem Ball durchzuwerfen.

KEULENWERFEN

Keulen werden auf eine Bank gestellt. Diese gilt es, herunter zuwerfen.

JOGHURTBECHER - PYRAMIDE

Die Pyramide aus Joghurtbechern wird am besten auf einem Kasten aufgestellt. Mit Tennisbällen müssen die Becher abgeworfen werden.

FASS OHNE BODEN

Ein Längskasten ohne Unterteil und ohne Deckel wird auf zwei kleinen Kästen gestellt. Ab einer bestimmten Linie sollen Bälle hineingeworfen werden!
Vorteil: Die Bälle fallen untern heraus, und es kann gleich weitergehen.

ZIELWERFEN MIT VERSCHIEDENEN FLUGKÖRPERN

Ziel ist ein umgedrehter kleiner Kasten o.ä.
Geworfen wird mit:
- allen Sorten von Bällen,
- Frisbee,
- Indiaca,
- Bierdeckel,
- Sandsäckchen,
- Zeitungspapierkugeln.

Variation
Zielwerfen in hochgestellten, offenen Kasten.

WERFEN SO SCHNELL ES GEHT

Von einer Linie aus werden ganz viele Tennisbälle gegen eine Wand geworfen, so schnell es geht.
Am besten stellt man eine Kiste voller Bälle parat.
Die Bälle sollen bis zur Linie zurückkommen.

BALLSLALOM

Eine Slalomstrecke wird mit Hütchen, Stangen, kl. Kästen u.a. aufgebaut. Aufgaben:
- den Ball mit der Hand durchrollen,
- den Ball mit dem Fuß durchführen,
- den Ball mit einem Hockeyschläger (Gymnastistab) durchrollen.

VOLLEYBALL MIT WASSERBALL

Wie oft gelingt es, den Wasserball hochzuwerfen, ohne daß er den Boden berührt?

FENSTER WERFEN

Viele Turnhallen haben eine große Leiter an der Wand. Bestimmte Leiterfenster werden markiert z.B. durch bunte Pappkartons oder Pappkartons mit Zahlen oder Tücher, die es zu treffen gilt.

(Foto: A.Krawietz)

BALLTRANSPORT AUF ZWEI STÄBEN

Ein Ball wird auf zwei Stäben balanciert (auch zu zweit).

Variation
Ball durch die Stäbe fallen lassen oder hochwerfen und wieder auffangen.
Gut geeignet sind Wasserball, Softball.

Anmerkungen:

Ballstationen eignen sich um einzeln zu üben; sie eignen sich auch sehr gut um einen Parcours zusammenzustellen.
Geübt werden kann zum einen frei, wo die Kinder üben wollen oder es wird ein Rundlauf organisiert.
Bei einem Rundlauf ist es von Vorteil, an jede Station eine Pappkarte mit eintsprechender Nummer zu stellen, so ist die Reihenfolge klar und die Kinder können sich leichter orientieren.

Tip:
Tennisbälle, die bei Tennisvereinen ausrangiert werden, werden auf Anfrage in der Regel an Kindersportgruppen verschenkt.

6. MATERIAL - IDEEN

Hier sind verschiedene Spiel- und Bewegungsmöglichkeiten mit ungewöhnlichen Materialien zusammengestellt. Alle Materialien sind mit wenig Kosten und Aufwand zu besorgen. Dies zeigt, daß nicht immer viel Geld für Geräte ausgegeben werden muß, um abwechslungsreich zu arbeiten. Gerade diese Alltagsmaterialien regen die Phantasie der Kinder besonders an.

Die Auseinandersetzung mit unterschiedlichen Materialien, die die Kinder wahrnehmen, bewegen, beherrschen, verändern und gestalten, ermöglicht ihnen eine vielfältige Materialerfahrung.

Materialerfahrung ist neben Körper- und Sozialerfahrung ein wichtiges Teilstück zum Erwerb von Handlungskompetenzen und somit als Beitrag zur Persönlichkeitsentwicklung von großer Bedeutung.

Die nachfolgenden Spielvorschläge beinhalten sowohl gymnastische Übungen als auch gemeinsame Spiele. Dabei sollte den Kindern möglichst viel Freiraum zum Experimentieren eingeräumt werden.

WÄSCHEKLAMMERN

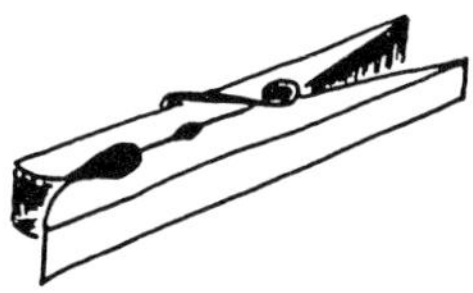

KLAMMERN KLAUEN

Jedes Kind befestigt sich an der Kleidung ca. 6 Wäscheklammern.
Nun gilt es, die eigenen Klammern zu bewachen und gleichzeitig den anderen Kindern so viel Klammern wie möglich abzunehmen und an sich selbst zu befestigen.
Wer bei Spielende (bestimmte Zeit) die meisten Klammern hat, wird "Klammer-Königin" und bekommt alle restlichen Klammern angesteckt.

Erweiterung:
Die "Klammer-Königin" rennt weg, und die anderen Kinder versuchen, ihre Klammern zurück zu ergattern.

KROKODILSPIEL

In Boden-Nähe wird eine Schnur durch die Halle gespannt, an der viele Klammern befestigt sind.
Die Kinder sind Krokodile und robben auf dem Bauch.
Sie holen die Klammern (Fische) aus dem Wasser (Schnur) und bringen sie in einen Futterkorb (kleiner umgedrehter Kasten).

WÄSCHE AUFHÄNGEN

Verschiedene Schnüre sind durch den Raum gespannt.
Hieran hängen die Kinder Wäsche (u.a. Tücher, Decken, Bettlaken) auf.

Variation
- Zwischen der Wäsche kann Fangen gespielt werden.
- Wäsche Auf- und Abhängen kann auch als Staffel organisiert werden.

FARBENSPIEL

Bei bunten Wäscheklammern lassen sich Farben spielerisch zuordnen, z.B.
- blaue Klammern an Gabi befestigen,
- rote Klammern an Martin befestigen,
- gelbe Klammern an Sonja befestigen,
  oder
- blaue Klammern an blauem Tuch befestigen (hängt an der Sprossenwand),
- gelbe Klammern an gelbem Tuch befestigen (liegt auf dem Kasten) usw.

FLICKENTEPPICH

Viele Tücher werden mit Klammern zu einem großen Teppich zusammengesteckt.
Werden farbige Rhythmik-Tücher benutzt, ergibt sich die Möglichkeit für Farbenspiele, z.B.
- die Kinder gehen auf ein blaues (rotes, grünes, gelbes) Tuch,
- vom gelben zum roten Tuch,
- mit dem rechten Bein auf ein gelbes, mit dem linken Bein auf ein rotes Tuch,
- mit dem rechten Bein auf ein blaues Tuch, mit der linken Hand auf ein gelbes Tuch.

BETTLAKEN - LEINTUCH

SCHLEUDERBALL

Jeweils zwei Kinder halten ein Bettlaken.
Die Kinder stehen mit dem Tuch in zwei Reihen (Gassenaufstellung) und versuchen, einen Ball von Tuch zu Tuch zu spielen.

WASSERWAAGE

Mehrere Kinder halten ein Bettlaken, auf dem ein Ball liegt.
Es gilt, das Tuch gemeinsam hochzuheben, ohne daß sich der Ball bewegt.

VERTRAUENSSPIEL

Ein Kind wird in das Laken eingewickelt und von den anderen durch den Raum getragen, gerollt, gezogen.

SCHLITTENFAHREN

Ein oder zwei Kinder sitzen auf dem Laken, die anderen ziehen sie durch "den Schnee".

RUTSCH - SPIEL

Mehrere Kinder stehen auf dem Laken, alle in einer Richtung.
Es gilt, sich durch Rutschen mit den Füßen gemeinsam vorwärts oder rückwärts zu bewegen.

GESPENST

Mehrere Kinder sind unter einem Laken versteckt und krabbeln auf allen Vieren durch den Raum.

STEHAUFMÄNNCHEN

Vier Kinder halten das Laken.
Die anderen Kinder stehen in einer Reihe nebeneinander.
Die vier mit dem Laken gehen (laufen) auf die anderen Kinder zu, die sich schnell hinlegen müssen.
Ist das Laken darübergezogen, stehen alle schnell wieder auf, um zu sehen, von welcher Seite es erneut auf sie zukommt.

EINFANGEN (Fangspiel)

Mehrere Kinder halten das Laken und versuchen, einzelne Kinder einzufangen, indem sie ihnen das Laken über den Kopf stülpen.

Variation
Die Kinder, die gefangen werden sollen, geben sich zu zweit (zu dritt) die Hände!

Anmerkung
Bei den kleineren Kindern übernehmen die Übungsleiterinnen oder Übungsleiter die Rolle des Fängers.

UNGEHEUER AUFWECKEN (Fangspiel)

Ein Kind sitzt als Ungeheuer unter einem Laken.
Die Übungsleiterin oder der Übungsleiter flüstert ihm z.B. die Zahl drei zu, die die anderen Kinder nicht kennen.
Die anderen Kinder kommen zu dem Ungeheuer heran und fragen "Ungeheuer, schläft du noch?"
Bei der dritten Frage (gemäß der zugeflüsterten Zahl) wacht das Ungeheuer auf und versucht, die Kinder zu fangen.

DAS RETTENDE TUCH (Fangspiel)

Mehrere Kinder sind Fänger und tragen zur Kennzeichnung Mützen. Die anderen Kinder dürfen nicht gefangen werden; wenn sie unter das Laken kriechen.

KATZ UND MAUS

Gemäß dem bekannten Spiel will ein Kind (Katze) ein anderes fangen (Maus). Die anderen Kinder halten das Laken, unter das sich die Maus retten kann.

SCHLANGENKOPF (Fangspiel)

Ein Laken wird als Tau zusammengerollt. Zwei Kinder halten es fest. Sie sind Kopf und Schwanz einer Schlange, welche die anderen Kinder fängt. Abschlagen darf nur der Kopf der Schlange, die gefangenen Kinder reihen sich hinten an.

TAUZIEHEN

Zwei Laken werden als Tau zusammengerollt und ineinander verschlungen.

PLATZ TAUSCHEN

Alle Kinder halten das Laken und schwingen es gemeinsam hoch und runter. Ist das Laken zum 3.Mal oben, gibt die Übungsleiterin oder der Übungsleiter die Anweisung für einen Platztausch, z.B.
- alle Kinder mit braunen Augen,
- alle Kinder mit blauer Kleidung,
- alle Kinder mit Namen Peter,
- alle Kinder, die im Juli Geburtstag haben.

<u>Variation</u>
Die Kinder wählen aus drei Vorschlägen ein Tier aus, welches sie sein wollen. Werden sie aufgerufen, tauschen sie die Plätze und imitieren ihr Tier, z.B. alle "Tiger", alle Hasen", alle "Schlangen".

ENTSPANNUNG

Alle Kinder werden mit dem Laken zugedeckt und "schlafen" (evtl. Musik spielen, Geschichte erzählen).

Tip: Für einige Spiele ist es ratsam, zwei Bettlaken aneinander zu nähen!

HEULROHR / SCHLEUDERHORN

Schleuderhörner sind im Spielwarenladen erhältlich!

TÖNEN

Wird das Heulrohr geschwungen, entstehen je nach Drehgeschwindigkeit unterschiedliche Töne.

FERNROHR

Die Kinder schauen durch das Heulrohr und suchen bestimmte Gegenstände und Personen.

BLASROHR

Die Kinder blasen durch das Heulrohr, evtl. auch Gegenstände wie Watte, Federn.

TELEFONIEREN

Zwei Kinder stehen sich gegenüber und halten das Heulrohr an Ohr und Mund zum "Telefonieren": Stille Post!

MURMELBAHN

Die Kinder halten ihre Heulrohre aneinander in Kreisaufstellung und lassen eine Murmel durchlaufen.

Variation
Die Kinder bilden eine Reihe und lassen die Murmel durchlaufen, bis sie aus dem letzten Heulrohr in ein Gefäß fällt.

ELEFANTENSPIEL

Das Heulrohr wird als Rüssel benutzt. Die Kinder können damit trompeten, andere Kinder "abspritzen"!

TANKSTELLE

Zwei Kinder spielen zusammen. Ein Kind ist ein Auto und fährt in der Halle herum (verschiedene Gänge einlegen - verschiedene Geschwindigkeiten; evtl. Straßenparcours aufbauen). Das andere Kind ist ein Tankwart, zu dem das Auto immer wieder hinfährt. Durch das Heulrohr wird Benzin getankt.
Nach einer gewissen Zeit erfolgt ein Rollentausch.

KASTANIEN

Die Kastanien können gemeinsam mit den Kindern gesammelt werden, oder sie werden aufgefordert, bei der nächsten Sportstunde welche mitzubringen.

BALANCIEREN

Die Kinder versuchen, die Kastanien auf verschiedenen Körperteilen zu balancieren.

ROLLEN

Die Kastanien sollen über den Boden gerollt werden mit Hilfe der Füße, der Hände, des Kopfes.

WERFEN

Kastanien hochwerfen und wieder auffangen.
Zielwurf: Kastanien in ein Kastenteil werfen.

KLOPFEN

Kastanien werden auf den Boden geklopft, aneinander geklopft, aneinander gerieben.

BILLARD

Mehrere Kastanien sind auf dem Boden verteilt. Mit einem Stab wird versucht, eine Kastanie so anzustoßen, daß eine andere getroffen wird.

PÄCKCHEN PACKEN (Fußgymnastik)

Jedes Kind hat ein Tuch und ein paar Kastanien. Mit den Füßen werden die Kastanien auf das Tuch gelegt und eingewickelt. Danach werden sie mit den Füßen wieder ausgepackt!

STEINIGER WEG (Fußgymnastik)

Alle Kastanien werden in ein Kastenteil gelegt. Die Kinder laufen barfuß darüber.

FIGUREN LEGEN

Die Kinder legen mit den Kastanien gemeinsam verschiedene Formen und Figuren, z.B. Kreis, Viereck, Dreieck, Schlange, Haus.

STRASSE

Alle Kastanien werden so verteilt, daß immer eine Fußlänge als Abstand bleibt. Die Kinder können zwischen den Kastanien z.B. laufen, hüpfen, auf einem Bein hüpfen, zu zweit laufen, oder mit geschlossenen Augen gehen.

ALLE IM RAUM

Die Kinder verteilen alle Kastanien im Raum. Nun können sie nacheinander die Kastanien z.B.
- kicken,
- mit den Händen rollen,
- auf verschiedene Arten tragen und balancieren,
- so viele wie möglich auf einmal tragen,
- alle Kastanien so schnell wie möglich in einen Behälter sammeln.

LUFTBALLONS

HOCHSPIELEN

Jedes Kind hat einen Luftballon. Aufgaben:
- mit den Händen immer wieder hochspielen, ohne daß er auf den Boden kommt,
- mit anderen Körperteilen hochspielen, z.B. mit einem Finger, mit der Schulter, mit dem Kopf,
- aus Sitzposition oder Rückenlage, mit Händen oder Füßen, hochspielen,
- durch das Hochspielen Stimmungen ausdrücken, z.B. lebhaft, müde, lustig.

BALANCIEREN

Die Kinder versuchen, den Luftballon auf verschiedenen Körperteilen zu balancieren.

TRANSPORTIEREN

Der Luftballon soll ohne Hände von einer Raumseite zur anderen transportiert werden.

ZWEIERGRUPPE

- Zwei Kinder spielen sich einen Luftballon zu.
- Ein Kind hält den Luftballon an sein Ohr, das andere preßt seinen Mund an den Luftballon und flüstert etwas bzw. erzeugt verschiedene Geräusche.
- Zwei Kinder halten einen Luftballon mit ihren Bäuchen fest. Er soll nicht herunterfallen, wenn sie sich z.B.
  - einmal um sich selbst drehen,
  - eine Kniebeuge machen,
  - gehen oder laufen.

DREIERGRUPPE

Drei Kinder mit drei Luftballons spielen die Luftballons hoch und versuchen, sie ständig in der Luft zu halten.

LUFTBALLONTANZ

Musik wird gespielt, z.B. das Lied "Luftballon" aus der L.P. Bärenorchester, Pläne Verlag.
- Luftballon in der Luft halten durch Hochspielen mit der Hand, den Fingern, dem Fuß, dem Kopf, der Schulter...,
- Luftballon zu zweit zuspielen,
- zwei Kinder klemmen sich einen Luftballon zwischen die Bäuche (Rücken, Stirn) und tanzen zusammen.

HINDERNISPARCOURS

Mit kleinen Kästen, Bänken, Matten wird ein Parcours aufgebaut. Die Kinder laufen einzeln über den Parcours, während sie den Luftballon durch ständiges Hochwerfen in der Luft halten.

Variation
Zwei Kinder, die einen Luftballon mit ihren Bäuchen halten, gehen zusammen über den Parcours.

LUFTBALLON ÜBER DIE SCHNUR

Mit einer Schnur werden zwei Felder abgetrennt, in denen sich jeweils eine Mannschaft verteilt. Ein oder mehrere Luftballons werden hin- und hergespielt.

Variaton
Berührt ein Luftballon den Boden, bedeutet dies ein Punktverlust für die Mannschaft in diesem Feld.

BALLONZERTRETEN

- Viele Luftballons liegen auf dem Boden verteilt, die Kinder sollen sie zum Platzen bringen.
- Jedes Kind hat einen Luftballon an seinen Fußknöchel gebunden. Es gilt nun, die Luftballons der anderen zu zertreten, den eigenen aber zu bewahren.

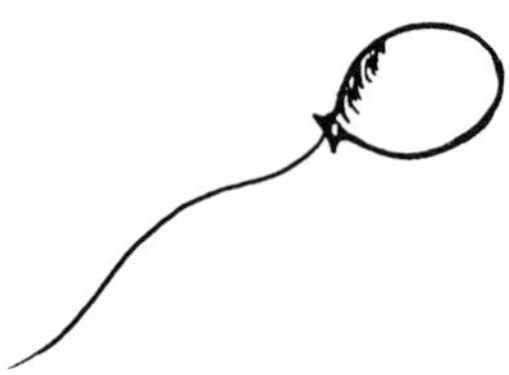

TÜCHER

FLIEGENDES TUCH

Die Kinder nehmen das Tuch an einer Ecke in die Hand und laufen damit durch den Raum.

SCHWEBENDES TUCH

Jedes Kind wirft sein Tuch möglichst hoch und schaut zu, wie es zum Boden schwebt.
Die Kinder erhalten die Aufgabe, selbst ein Tuch zu sein und "auf den Boden zu schweben"!

KÖRPER ZUM TUCH

Das Tuch liegt vor den Kindern auf dem Boden. Sie sollen es mit verschiedenen Körperteilen berühren, z.B. mit dem rechten Fuß, mit dem linken Knie, mit der Nase.

ORIENTIERUNG

Das Tuch liegt vor den Kindern am Boden. Sie sollen sich vor (hinter, neben, unter, auf, rechts, links) das Tuch stellen (legen, knien, setzen).
Dazu muß gemeinsam festgelegt werden, wo beim Tuch vorne ist.

HOCHWERFEN

Jedes Kind wirft sein Tuch hoch und fängt es wieder auf, z.B. mit beiden Händen, mit einer Hand, mit dem Fuß, mit dem Kopf.

LAUBWALD

Alle Kinder knien in einem Kreis. Sie werfen ihr Tuch ständig hoch und fangen es wieder auf. Ein paar Kinder können sich in den Kreis legen und schauen, wie die "Blätter im Laubwald" fliegen.

FARBENSPIEL

Die verschiedenfarbigen Tücher werden auf dem Boden verteilt. Die Kinder erhalten verschiedene Aufgaben, z.B.
- laufl zu einem roten Tuch und kommt wieder zurück,
- lauft zu einem gelben Tuch und berührt es mit der Nase,
- zählt die blauen Tücher.

Variation
Die Übungsleiterin oder der Übungsleiter hat drei verschiedenfarbige Tücher. Zu jeder Farbe wird eine Aufgabe zugeordnet, z.B.
rot - alle Kinder mit einem roten Kleidungsstück finden sich zusammen,
gelb - alle Kinder springen Hampelmann,
blau - alle Kinder machen sich ganz klein.
Die Kinder bewegen sich durch die Halle und achten darauf, ob ein Tuch hochgehalten wird, um die entsprechende Bewegungsaufgabe auszuführen.

OBSTGARTEN

Verschiedenfarbige Tücher liegen auf dem Boden verteilt. Jeder Farbe wird gemeinsam eine Frucht zugeordnet, z.B.
rot - Erdbeere,
blau - Traube,
gelb - Birne.
Die Kinder laufen zwischen den Tüchern herum. Auf den Ruf: Erdbeere, laufen die Kinder zu einem roten Tuch, auf den Ruf: Birne, zu einem gelben Tuch usw. Auf den Ruf "Obstgarten" kann sich jedes Kind eine Frucht bzw. ein Tuch aussuchen.

Variation
Die Kinder suchen sich eine der drei Früchte aus und stellen sich auf das entsprechende Tuch. Auf den Ruf "Erdbeere" tauschen die Kinder auf den roten Tüchern die Plätze. Auf den Ruf "Obstgarten" tauschen alle Kinder die Plätze.

BÄNDER

Sind keine Gymnastikbänder vorhanden, können mit Stoff oder Krepp-Papier Bänder, die an Stäben befestigt werden, selbst hergestellt werden.

BEWEGUNG NACH MUSIK

Verschiedene Musikstücke, z.B. rhythmische Pop-Musik, Walzer-Musik, ruhige Musik werden gespielt. Es gilt, sich von der jeweiligen Musik inspirieren zu lassen und die Bänder danach zu bewegen.

GESCHICHTE VOM SEGELBOOT

Eine Geschichte wird erzählt, bei der die Kinder das Meer mit den Bändern darstellen.
- Das Segelboot macht einen Ausflug.
- Zuerst ist wenig Wind (Bänder langsam bewegen).
- Während der Fahrt ändert sich das Wetter.
- Es gibt Stürme, Flaute, Wirbelstürme und entsprechend große und kleine Wellen, Strudel usw.
- Zum Schluß läuft das Boot bei ruhigem Wetter in den Hafen ein.

Anmerkung:
Den Kindern macht es sehr viel Spaß, sich mit den Bändern zu bewegen, obwohl es sehr anstrengend ist. Gefördert wird hierdurch die Gesamtmotorik. Insbesondere die großen, schwingenden Bewegungen eignen sich als Vorübung zum Malen und Schreiben (von der Grob- zur Feinmotorik).

ZEITUNGSPAPIER

FLATTERNDE ZEITUNG

Die Kinder halten ein Doppelblatt mit beiden Händen über den Kopf (hinter den Kopf, seitlich vom Körper) und laufen damit vorwärts (rückwärts, seitwärts).

FLIEGENDE ZEITUNG

Die Kinder halten ein Doppelblatt mit beiden Händen über dem Kopf und laufen ganz schnell; um dann die Zeitung auf einen Ruf gemeinsam loszulassen.
Aufgaben: z.B.
- zuschauen wie und wohin sie fliegt,
- sie auffangen, bevor sie am Boden ist,
- versuchen, eine andere zu fangen.

SCHWEBENDE ZEITUNG

Die Kinder versuchen, durch ständiges Hochschlagen, ihre Zeitung in der Luft zu halten.

Variation
Alle versuchen alle Zeitungen hochzuschlagen.

ZEITUNGSTABLETT

Jedes Kind versucht, seine Zeitung auf den ausgestreckten Armen vor dem Körper zu transportieren.

BAUCHZEITUNG

Die Zeitung wird an den Bauch gelegt. Beim Laufen können die Hände weggenommen werden, da die Zeitung am Bauch klebt. Die Kinder können nun z.B. Kurven laufen, die Zeitung an einem anderen Körperteil "kleben" lassen.

HANDZEITUNG

Die Zeitungsseite wird zweimal gefaltet und auf die flache, gespreizte Hand gelegt. Beim Laufen wird sie gegen den Luftwiderstand gedrückt. Aufgaben: z.B.
- Schwungformen ausprobieren,
- Zeitung von der rechten Hand in die linke übergeben,
- anderen Kindern die Zeitung auf die freie Hand übergeben.

HUT - NACHLAUFSPIEL

Jedes Kind faltet sich aus der Zeitung einen Hut und setzt ihn auf. Beim Nachlaufspiel darf er nicht herunterfallen.

RÄUBERWALD

Die Kinder legen ihr Zeitungsblatt auf einen Baum (irgendwo in der Halle, z.B. Sprossenwand). Es gilt nun, möglichst andere Blätter zu räubern, aber das eigene zu verteidigen.

MENSCH - ÄRGERE - DICH - NICHT

Die Zeitungsblätter werden als Spielfeld auf den Boden gelegt, die Kinder sind die Spielfiguren. Nun wird nach den bekannten Regeln gespielt, am besten mit einem großen Schaumstoffwürfel.

SCHLITTSCHUHLAUFEN

Das Zeitungsblatt wird unter einen Fuß gelegt. Die Kinder probieren aus, wie sie damit rutschen können.

SCHNEEBALLSCHLACHT

Die Kinder kneten aus dem Zeitungspapierkugeln, schon kann die Schneeballschlacht beginnen.

FUSSGYMNASTIK

Die Kinder formen barfuß Zeitungspapier kugeln. Diese werden mit den Fußzehen aufgehoben und zu einem kleinen Kasten transportiert, z.B. auf einem Bein hüpfend.

PLATZSUCHSPIEL

Jedes Kind legt seine Zeitung irgendwo auf den Boden. Die Kinder laufen dazwischen und auf ein bestimmtes Zeichen - z.B. Tambourin-Schlag, Musik-Stop - stellt sich jedes Kind auf eine Zeitung. Dazu können weitere Aufgaben kommen,

z.B.
- auf einem Bein stehen,
- wie ein Baum im Wind schwanken,
- bei jedem Stop auf dem Papier wird das Blatt gefaltet, bis die Kinder nur noch auf Zehenspitzen auf der Mini-Zeitung stehen können.

INSELSPIEL

Die Zeitungsblätter liegen als "Inseln im Meer" auf dem Boden. Die Kinder segeln um die Inseln herum. Auf das Notsignal: "Sturmwarnung" muß sich jedes Kind auf eine Insel retten. Nach und nach verschwinden immer mehr Inseln und die Kinder müssen sich gemeinsam auf die verbleibenden Inseln retten!

BIERDECKEL

BALANCIEREN

Die Kinder versuchen, einzelne Bierdeckel auf allen möglichen Körperteilen zu balancieren, z.B. Hand, Schulter, Kopf, Fuß.

Variation
Es sollen so viele Bierdeckel wie möglich auf einmal balanciert werden.

FLIEGEN LASSEN

Die Kinder lassen die Bierdeckel fliegen und probieren aus, wie sie am weitesten fliegen (wie Frisby-Scheiben werfen).

Variation
Die Kinder stellen sich auf eine Bank (Sprossenwand, Kasten) und lassen von dort die Bierdeckel fliegen.

ESELSPIEL

Zwei Kinder spielen zusammen. Eines geht als Esel "auf alle Viere" und bekommt von dem anderen Kind mehrere Bierdeckel auf den Rücken gelegt. So beladen muß "der Esel" eine bestimmte Wegstrecke zurücklegen, ohne sein "Gepäck" zu verlieren.

BAUEN

Die Kinder legen mit den Bierdeckeln verschiedene Gebilde auf den Boden, z.B. ein Haus
Aufgaben:
- Balanciert auf den Mauern,
- wo ist die Küche (Wohnzimmer, Schlafzimmer), stellt euch hinein,
- geht von der Küche in das Bad und dann in das Wohnzimmer,
- hat auch jedes Zimmer eine Tür, wo ist die Eingangstür?
- stellt euch vor das Haus (Eingangstür),
- stellt euch neben das Haus.

Beispiel Straßen
Aufgaben:
- baut Ampeln an die Kreuzungen (z.B. 3farbige Tücher), ein Kind kann später die Ampeln bedienen (jeweils ein Tuch hochhalten),
- an den Kreuzungen ohne Ampeln gilt es, die Vorfahrt zu achten,
- baut Parkbuchten, damit sich die Autos auch ausruhen können.

Dann kann das Spiel beginnen:
- die Kinder rennen als Autos oder
- fahren mit Rollbrettern oder
- rutschen z.B. auf Tüchern, Teppichfließen, Zeitungen die Straße entlang.

LABYRINTH

Alle Bierdeckel werden auf dem Boden so verteilt, daß jeweils noch eine Fußbreite Abstand bleibt.
Aufgaben:
- zwischen den Bierdeckeln gehen (laufen, hüpfen), ohne auf einen zu treten,
- rückwärts gehen,
- ein Auge zuhalten beim Gehen,
- die Finger als Schlitze vor die Augen halten (oder Maske mit Sehschlitzen),
- zu zweit, zu viert vorwärts und rückwärts gehen,
- so lange gehen, bis nach dem Gefühl eine Minute vergangen ist,
  auf den Bierdeckeln gehen.

Variation
Vorübung: Statt der Bierdeckel werden Joghurtbecher benutzt.
Erweiterung: Labyrinth mit Korken bauen. Fällt ein Korken um, so muß dieser - auf einem Bein stehend- wieder aufgestellt werden.

Anmerkung:
Gefördert werden bei diesen Übungen das dynamische Gleichgewicht, die visuelle Wahrnehmung, Koordination, Reaktion, Anpassung, Bewegungsgeschick.

(Foto: CH.Krawietz)

HALTET DAS FELD FREI

Die Halle wird mit ein bis zwei Bänken unterteilt. In jedem Feld befindet sich eine Mannschaft mit derselben Anzahl von Bierdeckeln. Es gilt, alle Bierdeckel aus dem eigenen Feld möglichst schnell in das gegnerische Feld zu werfen.
Spielende ist, wenn eine Mannschaft keine Bierdeckel mehr im eigenen Feld hat bzw. nach einer bestimmten Zeit (z.B. 2 Minuten).

KLEBESPIEL

Die Kinder gehen in kleinen Gruppen zusammen und sollen sich jeweils untereinander mit den Bierdeckeln "zusammenkleben", d.h. an die Berührungspunkte zwischen zwei Kindern werden Bierdeckel gelegt. Es gilt, möglichst viele Bierdeckel untereinander zu "verkleben" und so verklebt eine bestimmte Wegstrecke zurückzulegen, ohne einen Bierdeckel zu verlieren.

7. MIT MUSIK GEHT ALLES BESSER

Musik ist ein wichtiger Bestandteil der Bewegungsstunden. Musik hat eine positive psychische Wirkung auf die Kinder. Sie unterstützt den natürlichen Bewegungsdrang, kann aber auch helfen, zu Ruhe und Entspannung zu finden. Kindern macht es großen Spaß, sich zur Musik zu bewegen, sie lassen sich gerne auch durch Musik inspirieren.

Die folgende Auswahl von Musikstücken und Liedern sind ganz einfach mit Kindern in Bewegung umzusetzen. Meist müssen die Kinder nur genau zuhören, was gesungen wird und einfach mitmachen. Alle Lieder haben höchstens zwei Teile (A und B), die auch von den Kindern nach kurzer Zeit zu unterscheiden sind. Musik regt hier auch zum darstellenden Spiel an.

Die Adressen der Musikverlage, die nachfolgend vorgeschlagene Musiktitel herausgeben, sind im Anhang aufgeführt.

LAUT UND LEISE

Vorbereitung: Ein Lied wird in unregelmäßigen Abständen laut und leise aufgenommen.
Liedervorschlag: "Das kleine bunte Trampeltier" aus der LP Der Spatz, Pläne Verlag.
Die Kinder bewegen sich zur Musik durch den Raum. Ertönt laute Musik - laufen, springen sie ganz laut, ertönt leise Musik - laufen, springen sie ganz leise.

SCHNELL UND LANGSAM

Vorbereitung: Auf eine Kassette wird mehrmals abwechselnd schnelle und langsame Musik gespielt (oder Doppelrekorder benutzt). Ertönt die schnelle Musik - bewegen sich die Kinder entsprechend schnell, ertönt die langsame Musik - bewegen sich alle in Zeitlupe, sie fliegen, schweben.

Variation
Eine Bewegungsart festlegen, z.B. schnelle Musik - hüpfen, langsame Musik - schweben.

DER SPATZ

Musik-Empfehlung:
Christiane und Frederic "Der Spatz" Pläne-GmbH, MC Bestell-Nr. 3480

DAS KLEINE BUNTE TRAMPELTIER

Die Kinder trampeln einzeln oder als Schlange hintereinander als kleines buntes Trampeltier durch den Raum. Sie summen, zischen und trompten als Trampeltier. Sie bilden einen Gespensterkreis und stoßen einen Gespensterschrei aus.

Variation
Als Vorbereitung probieren die Kinder aus, wie sie ein Trampeltier spielen wollen.

TIERZIRKUS

Musikempfehlung:
"Tiermusiken" Fidula-Fon-Verlag, MC: Bestell-Nr. FC 3
Einzelstücke auf Schallplatte: "Tierzirkus" Bestell-Nr. 1212
"Tiere in Wald und Feld" Bestell-Nr. 1213
"Zootiere in freier Wildbahn" Bestell-Nr. 1214

Bei diesen Instrumental-Stücken sind verschiedenen Tieren verschiedene Musikarten zugeordnet. Zunächst kann die Musik zusammen gehört und Bewegungsvorschläge für die einzelnen Tiere gesammelt werden. Dann stellen die Kinder die einzelnen Tiere entsprechend der Musik dar.
Folgende Tiere werden dargestellt:
- bei "Tierzirkus": Elefant, Affen, Pferde, Tanzbär, Tiger;
- bei "Tiere in Wald und Feld": Maus, Hase, Fuchs, Vögel, Reh;
- bei "Zootiere in freier Wildbahn": Marabu, Pinguin, Kamele, Löwe, Krokodil.

Variation
Wenn alle Tiere mit der entsprechenden Musik den Kindern bekannt sind, können Musikstücke neu gemixt werden, d.h. in anderer Reihenfolge und kürzer aufeinander folgend (neue Kassette). Nun müssen die Kinder genau hinhören, welches Tier gerade gespielt wird.

ANNE KAFFEKANNE

Musik-Empfehlung:
Frederik Vahle "Anne Kaffekanne", 12 Lieder zum Singen, Spielen und Tanzen,
Pläne - GmbH, MC Bestell-Nr. MC 8388, LP Bestell-Nr. 88388

Folgende Lieder werden mit den Kindern angehört und es wird besprochen, wie was dargestellt wird bzw. wer welche Rolle übernimmt.

DAS KATZENTANZSPIEL

Kreisaufstellung mit Handfassung. Ein Kind tanzt als Katze in der Mitte. Es wird festgelegt, welche Kinder die anderen Tiere spielen, die zur Katze kommen. Hat ein Tier, z.B. der Igel, mit der Katze getanzt, findet ein Rollentausch statt, d.h. die Katze geht in den Kreis zurück, der Igel wird zur Katze.

PINGUIN - LIED

Die Kinder bewegen sich entsprechend dem Text als Pinguine durch den Raum. Zum Schluß kommt ein Kind als Eisbär und alle Pinguine flüchten.
Darstellungsvorschlag für Pinguine: Die Kinder laufen auf den Fersen, die Arme liegen fest angespannt als Flügel am Körper, die Fingerspitzen zeigen nach oben.

WEM GIBT DER ELEFANT DIE HAND

In dem Lied werden verschiedene Tiere genannt, die von den Kindern frei dargestellt werden können.

ANNE KAFFEKANNE

Das Lied erzählt die Geschichte von der Hexe Anne Kaffekanne. Es hat einen A-Teil und einen B-Teil, die sich mehrmals abwechseln. Jedes Kind erhält einen Gymnastik-Stab als Hexenbesen. Bei Teil A des Liedes sitzen die Kinder im Kreis und hören zu.
Bei Teil B "fliegen" die Kinder auf ihrem "Hexenbesen" mit der Anne Kaffekanne "über die Dächer".

(Foto: Ch.Krawietz)

Weitere Lieder dieser Kassette:
- Schlaflied für Anne - Entspannung
- Zehn kleine Fledermäuse - Die Kinder "fliegen" dabei als Fledermäuse durch die Halle.

DIE RÜBE

Musik-Empfehlung:
Christiane und Frederic: "Die Rübe", Pläne-GmbH, MC Bestell-Nr. 900

DER COWBOY JIM AUS TEXAS

Alle Kinder "reiten" als Cowboy Jim auf ihren Pferden durch die Prärie. Bei der Textstelle "Jippy-yeah, jippy yeah" bleiben alle stehen und schwingen ihr Lasso über den Kopf.

BESSER GEHT ES MIT MUSIK

Musik-Empfehlung:
Ulrike Maske "Lieder für kleine Riesen" (ab 3 Jahren), mit Textbeilage, Spiel- und Mitmachideen.
Pläne- GmbH, LP Bestell-Nr. 88453

DER AFFENTANZ

Kreisaufstellung
Die Kinder spielen Affen.
Teil A des Liedes: Die Kinder spielen mit, was gesungen wird, z.B. alle heben den linken Arm.
Teil B des Liedes: Die "Affen" rasen im Kreis herum.

BESSER GEHT ES MIT MUSIK

Kreisaufstellung. Nach der Musik wird vor- und zurückgetanzt.

DU, ICH GEH EINFACH AUF DICH ZU

Musik-Empfehlung:
Ludger Edelkötter/Rolf Krenz: "Du, ich geh einfach auf dich zu",
Impulse Musik-Verlag, MC und Liedheft mit Spielanweisung, Bestell-Nr. MP 1035,

DU, ICH GEH EINFACH AUF DICH ZU

Die Kinder laufen durcheinander nach der Musik. Immer bei dem Satz: "Du, ich geh einfach auf dich zu" geben sie dem nächsten Kind die Hand.

ALLER ANFANG IST SO SCHWER

Teil A:
Bei dem Text "Aller Anfang ist so schwer" und der entsprechenden Musik gehen die Kinder ganz langsam und gebückt im Kreis herum, so als ob eine schwere Last auf ihren Schultern liegen würde.
Teil B:
Bei dem Text: "Gleich wird alles la, la, la" wird allen ganz leicht und sie hüpfen durch die Halle.

HÄNDEDRÜCKEN

Sitzkreis mit Handfassung.
Passend zum Text drücken die Kinder ihren Nachbarn die rechte oder linke Hand oder beide Hände.

UND WEITER GEHTS IM SAUSESCHRITT

Musik-Empfehlung:
"Und weiter gehts im Sauseschritt", Menschenkinder Verlag & Vertrieb GmbH,
MC Bestell-Nr. 007 MC; Liedspielheft mit Gestaltungsvorschlägen: Bestell-Nr. 007 LH.

FLUMMILIED

Bei diesem Lied sind alle Kinder "aus weichem Gummi und tanzen wie ein Flummi". Nach und nach werden in dem Lied verschiedene Köperteile aufgezählt: Kopf, Arme Hände, Hüfte, Beine Füße, die es gilt, locker auszuschütteln.

MEIN NAGELNEUER ROBOTER

Die Kinder bewegen sich als Roboter ganz starr und steif durch den Raum. Zwischendurch wird der Roboter programmiert, z.B. zum Essen, Trinken, Putzen. Die Kinder machen die entsprechenden Bewegungen mit.

UND WEITER GEHTS IM SAUSESCHRITT

Die Kinder sitzen im Kreis. Gemäß der Musik läuft ein Kind um den Kreis herum. Bei der Textstelle: "Wen nehmen wir denn heute mit? Einen, der gut pfeifen (summen, singen, lachen) kann", wird von dem Kind ein anderes im Kreis angetippt. Dieses schließt sich pfeifend (summend, singend, lachend) dem ersten an. So wird die Kette immer länger.

EISENBAHN

Musik-Empfehlung:
Gruppe Kunterbunt: Komm wir spielen...", Fidula-Fon-Verlag, MC;
Bestell- Nr. :3088

Die Kinder stellen sich in einer Reihe hintereinander auf und fahren als Eisenbahn -gemäß dem Text mal schnell, mal langsam, durch einen Tunnel, um Kurven und zum Schluß in den Hauptbahnhof.

Variation
Zu dem Lied wird eine Geräte-Landschaft aufgebaut:
- Strecken markieren für schnelles Fahren,
- Strecken markieren für langsames Fahren,
- Tunnel mit Kästen und Matten bauen,
- Kurven mit Hindernissen kennzeichnen,
- Hauptbahnhof mit 2 Bänken bauen.

Die Kinder können hier einzeln oder als Gruppe Eisenbahn spielen.
oder: Die Eisenbahn besteht aus Rollbrettern und kleinen Kästen, in die sich die Kinder setzen.

BÄRENORCHESTER

Musik-Empfehlung:
"Bärenorchester", Pläne-GmbH, MC Bestell-Nr.8290,
LP Bestell-Nr.88290

WIR WERDEN IMMER GRÖSSER

Die Kinder bewegen sich nach der Musik. Bei der Textstelle "Wir werden immmer größer" strecken sie ihre Arme hoch und hüpfen so hoch sie können. Zwischendrin schütteln sie Arme und Beine aus.

PONY - SONG

Jeweils zwei Kinder bilden mit Hilfe eines Reifens ein Pferdegespann. Ein Kind steht im Reifen als Pony Conni, das andere hält als Kutscher den Reifen fest.
Sobald die Musik ertönt, setzen sich die Pferdegespanne in Bewegung und versuchen, sich dem Tempo der Musik mit Galopp, Trab und Schritt anzupassen.

DER FUCHS

Musik-Empfehlung:
Christiane und Frederic "Der Fuchs", Pläne-GmbH, MC Bestell-Nr.9902

DAS OMNIBUSLIED

Die Kinder bilden einen Omnibus, z.B. durch Handfassung, Einhaken, Hindereinanderstellen. Sie "fahren" als Omnibus durch die Halle und stellen den Text pantomimisch dar:
- Begrüßung des Fahrers,
- Anstellen des Motors,
- Hupen,
- immer schnelleres Fahren,
- langsames Fahren,
- Aussteigen.

Variation
Der Mattenwagen wird als Omnibus benutzt und wird zur Musik von der Übungsleiterin oder dem Übungsleiter geschoben.

8. ENTSPANNUNG

Der heutige Lebensalltag von Kindern ist sehr stark geprägt von Hektik und Reizüberflutung. So ist es von großer Bedeutung, ihnen auch ein Gefühl von Entspannung, Ruhe und Loslassen zu vermitteln.

In den Bewegungsstunden können Entspannungs-Übungen eingebaut werden, um die Kinder zu beruhigen und ihnen Erholungszeit zu geben, damit sie sich auch einmal auf sich konzentrieren. Entspannungs-Übungen eignen sich auch gut zum Ausklang der Stunden.

Der Wechsel von Anspannung und Entspannung ist eine wichtige Erfahrung für Kinder, die oft erst lernen müssen, daß ihr Körper aktiv und angespannt, aber auch ruhig und entspannt sein kann.

Je nach Reaktionen der Kinder können erst nur ganz kurze Entspannungs-Übungen angeboten werden. Dauer und Intensität sind langsam zu steigern.

Übungen auf dem Boden sollten immer auf Matten durchgeführt werden, da der Körper sonst leicht auskühlt!

BLÄTTERTANZ

Ruhige Musik wird gespielt. Allen Kindern wird ein Laubblatt auf die offene Hand gelegt. Damit tanzen sie zur Musik, ohne das Blatt zu verlieren.

Variation
Statt der Laubblätter werden Din-A-4 Blätter benutzt.

ANSPANNUNG - ENTSPANNUNG

Die Kinder liegen in Rückenlage auf Matten und spannen immer ein Körperteil z.B. Arm, Bein, Bauch an und lassen wieder locker.

LUFTMATRATZE

Rückenlage.
Alle Kinder sind Luftmatratzen, die aufgepumpt werden. Mit einem tiefen Atemzug wird die Luftmatratze langsam aufgeblasen, dabei spannt sich der ganze Körper immer mehr an. Beim Ausatmen geht die Luft wieder raus, der Körper entspannt sich.

SEIFENBLASEN

Rückenlage.
Die Kinder sollen versuchen, ruhig liegenzubleiben, während Seifenblasen über sie gepustet werden. Sie sollen die Seifenblasen beobachten, können diese dann hochpusten und auffangen.

Meist wird diese Übung rasch sehr bewegungsaktiv!

ATEMSPÜREN

Rückenlage, die Hände liegen auf dem Bauch.
Die Kinder spüren, wie sich der Bauch beim Einatmen hebt, beim Ausatmen senkt.

Variation
Statt der Hände wird ein Sandsäckchen auf den Bauch gelegt. Durch das Gewicht des Sandsäckchens wird die Wahrnehmung des Ein- und Ausatmens verstärkt!

FEDER - ENTSPANNUNG

Rückenlage, Augen geschlossen.
Die Kinder werden mit einer Feder (erhältlich im Spielwarenladen) berührt und sollen den entsprechenden Körperteil antippen oder benennen.

BIERDECKEL - ENTSPANNUNG

Partner-Übung mit Musikbegleitung!
Ein Kind liegt entspannt auf dem Bauch oder Rücken. Das andere nimmt Bierdeckel und deckt das liegende Kind langsam zu (immer ein Bierdeckel nach dem anderen), bis es mit Bierdeckeln bedeckt ist. Auch an die Seite werden Bierdeckel gestellt. Die Bierdeckel werden mit leichtem Druck auf den Körper gelegt, damit das liegende Kind spürt, wo es gerade zugedeckt wird. Anschließend können die Bierdeckel genauso ruhig abgenommen werden.

ZAHLEN RATEN

Partner-Übung (geeignet für ältere Kinder).
Ein Kind liegt auf dem Bauch. Das andere malt mit seinem Finger eine Zahl auf den Rücken, die das liegende Kind raten muß.

IGELBALL - MASSAGE

Partner-Übung mit Musikbegleitung!
Ein Kind liegt auf dem Bauch, das andere Kind massiert es mit einem Igel- oder Noppenball (Bezugsquelle im Anhang).

KROKODIL - ENTSPANNUNG

Alle Kinder liegen auf dem Bauch und spielen Krokodil zu nachfolgendem Reim:

"Es war einmal ein Krokodil, das lag zwei Jahre lang ganz still.
Bewegte nur mal einen Arm oder ein Bein, dann schlief es sieben Jahre ein.
Hat mal gegähnt, mit einem Aug' geblinzelt, dann schien es tot zu sein.
Doch mitten in der Nacht ist es wieder aufgewacht."

Die Kinder laufen nun in der Halle herum, bis das Krokodil wieder schlafen will.

ENTSPANNUNGS - NACHLAUF

Eine "Zauberin" versucht, die Kinder zu fangen. Wer berührt wurde, wird ganz müde und legt sich sofort in die Höhle (Weichboden). Das Kind schläft dort so lange, bis alle anderen auch verzaubert sind und in der Höhle liegen. Erst dann kann die Zauberin wieder alle erlösen.

Anmerkung:
Das Ende dieses Spiels bietet eine gute Ausgangsposition, um noch eine Entspannungsgeschichte vorzulesen, sich in Ruhe zu verabschieden oder einen anderen gemeinsamen Abschluß durchzuführen.

MEERESSTIMMUNG

Alle Kinder liegen auf dem Rücken, hören zu und machen die Bewegungen mit.

-"Wir liegen am Strand und hören die Wellen rauschen.
- Die Sonne scheint und es ist angenehm warm.
- Wir sind so richtig faul und schließen die Augen.
- Jetzt wühlen wir mal mit der linken Hand im Sand, dann mit der rechten, nun mit dem linken Fuß, dann mit dem rechten.
- Wir öffnen die Augen wieder und sehen, wie von links eine Wolke aufzieht.
- Malt mit eurer Hand eine schöne dicke Wolke in die Luft.
- Jetzt kommt noch eine Wolke von rechts, malt auch diese Wolke.
- Noch eine Wolke kommt von oben.
- Es fängt an zu regnen.
- Nehmt eure Finger und laßt den Regen auf euch niederrieseln.
- Wenn ihr am Strand liegt und euch ausruht, könnt ihr keinen Regen gebrauchen, deshalb schiebt ihr die Wolken beiseite.
- Nun scheint die Sonne wieder; greift mit den Händen in den Sand und fühlt noch einmal.
- Wer genau fühlt, merkt daß der Sand vom Regen noch naß ist.
- Im nassen Sand liegt es sich nicht so gut; deshalb stehen wir jetzt wieder auf, ganz langsam.
- Herzlich willkommen, zurück vom Meer in der Turnhalle."

WALDSPAZIERGANG

Ruhige Musik spielen.
Die Kinder liegen auf dem Rücken und lauschen der Geschichte vom Waldspaziergang. (Freie Erzählung, z.B. mit Sonne, Vogelgezwitscher, Lichtung, weicher Waldboden, Sonnenlicht fällt durch die Bäume, Eichhörnchen klettern auf dem Baum u.s.w.)

Nach der Geschichte spielen die Kinder Bäume:
- "Rollt euch über die Seite in die Hocke, steht langsam auf, grätscht die Beine.
- Ihr seid ein Baum im Wald. Ganz fest steht ihr auf dem Boden.
- Drückt die Füße fest in den Boden, so könnt ihr die Wurzeln spüren. Geht leicht in die Knie, nicht die Beine durchdrücken.
- Versucht auf beiden Beinen gleich viel Gewicht zu haben, findet die Mitte.
- Nun kommt ein leichter Wind auf. Ihr wiegt euch im Wind. Macht die Augen zu.
- Verlagert das Gewicht auf die Fußzehen, auf die Fußaußenkanten, auf die Innenkanten, auf die Fersen.
- Geht wieder in die Hocke, legt euch hin und hört noch ein bißchen der Musik zu."

MUSIK - EMPFEHLUNGEN:

- Kahle, F.:	LP. Anne Kaffeekanne: Schlaflied für Anne, Pläne GmbH
- Kitaro:	LP: Silver Cloud, Tenjiku,Towards to the West
- Vollenweider, A.:	LP. White Winds, Down to the moon
- Deuter, G.:	LP. Celebraition (Meeresrauschen)
- Winston, G.:	LP: Autumn (Klavier)
- Poeplan, W./ Edelkötter,L	Kassette "Komm mit zur Quelle" Musikalische Meditation für Kinder (19,80 DM)Impulse Musik-Verlag
	Begleitheft: Krombach, G.:Mit Kindern auf dem Weg in die Stille (Elementar- Primarbereich)

LITERATUR - EMPFEHLUNGEN:

- Friedrich, S.: Freibel,V	Entspannung für Kinder Reihe rororo: Mit Kindern leben, Reinbek 1989
- Müller, E.:	Du spürst unter deinen Füßen das Gras Autogenes Training mit Märchen zum Entspannen und- Träumen, Frankfurt/M. 1983
- Müller, E.:	Auf der Silberlichtstraße des Mondes- Autogenes Training in Phantasie- und Märchenreisen für Kinder, Frankfurt/M. 1985

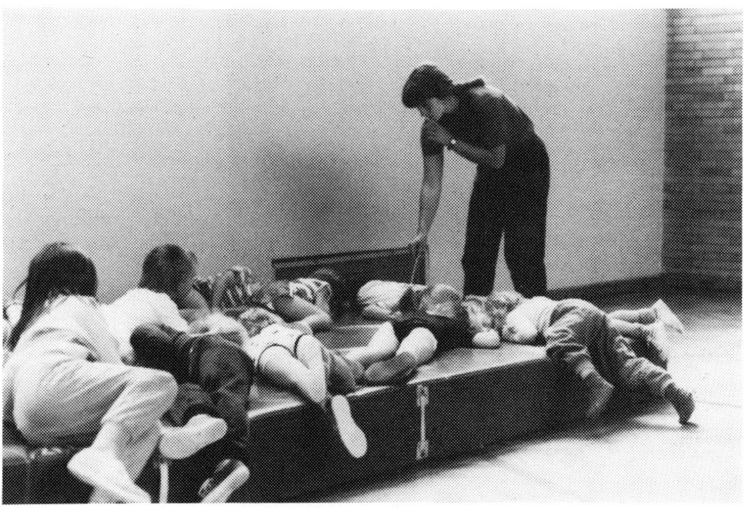

Federentspannung (Foto: Ch.Krawietz)

3. SPEZIELLE ANGEBOTE FÜR ÄLTERE KINDER

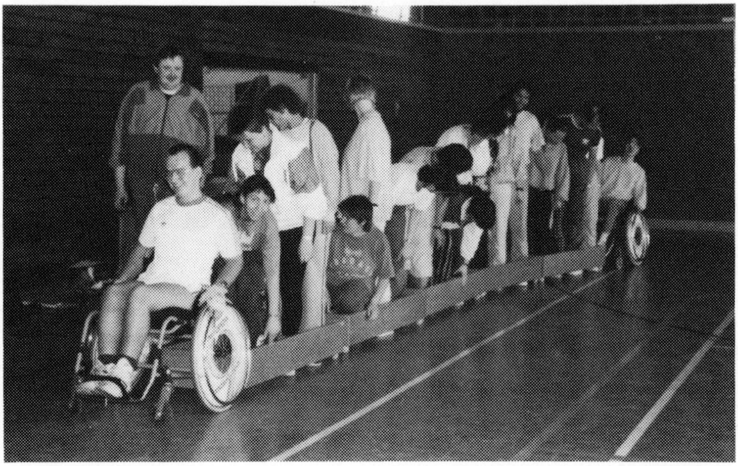

(Foto: R.Seel)

Im Schulalter tritt die Orientierung der Kinder an Gleichaltrigen immer mehr in den Vordergrund. Jede Tätigkeit kann Anlaß zum Wetteifer werden, körperliche Kräfte werden gemessen. Der Wettkampf prägt fast alle sportlichen Spiele und fordert die Kinder in der Weiterentwicklung ihrer Fähigkeiten. Bevorzugt werden Mannschafts- und Gruppenspiele.
Die Kinder wollen sich körperlich austoben, vielfältig gefordert werden, mitgestalten, den Umgang mit Sportgeräten und neue Sportarten erlernen.
Bei der Auswahl von Bewegungsspielen für altere Kinder sollte auf diese Bedürfnisse eingegangen werden. Gleichzeitig sind jedoch soziale Aspekte zu berücksichtigen! Viele traditionelle Sportspiele fördern Konkurrenz und den Ausschluß von "Schwächeren". Durch Regelvariationen, die mit den Kindern festgelegt werden, können bekannte Spiele so verändert werden, daß die klassische Gewinner-Verlierer-Situation in den Hintergrund tritt.

Die vorgestellten Spiel- und Bewegungsangebote haben sich in integrativen Freizeitsportgruppen bewährt. Spielfreude und der Spaß an der Bewegung stehen hier an erster Stelle, Kooperation und soziale Handlungskompetenz werden gefördert.
Sie sind nach folgenden Schwerpunkten aufgeteilt:

1. KLEINE SPIELE

2. PARTNERSPIELSTATIONEN

3. ROLLBRETTER ALS SPIELGERÄTE

4. ABENTEUER - SPIELPLATZ

5. HALLEN - MINIGOLF

6. AKROBATIK

1. KLEINE SPIELE

LAUFSPIELE

HORNISSENSPIEL

Mit Bänken wird ein Gefängnis abgegrenzt. Ein Kind versucht als Hornisse die anderen zu stechen, die dann als Gefangene ins Gefängnis müssen. Die anderen freien Kinder können diese durch Handschlag befreien.

Variation
Mehrere Hornissen (2-4 Kinder) fangen die anderen. Das Spiel wird schwieriger, da die Hälfte der Hornissen das Gefängnis bewachen kann. So wird das Erlösen der Gefangenen gefährlicher.

PAARNACHLAUF

Ein Fängerpaar versucht, ein Kind abzuschlagen. Dieses legt sich auf den Boden und wird vom Fängerpaar auf eine Matte getragen. Sobald ein zweites Kind auf der Matte liegt, werden die beiden zum neuen Fängerpaar, welcher das alte ablöst.

WOLF UND SCHAF

Mannschaft A (Schafe) steht im Feld.
Mannschaft B (Wölfe) steht am Rande des Feldes hinter einer Bank in einer Reihe.
Der erste Wolf läuft los und versucht ein Schaf abzuschlagen. Er hat 15 Sekunden Zeit, dann muß er zu seiner Manschaft zurück, und der nächste Wolf läuft los. Ist ein Schaf abgeschlagen, setzt es sich an die Seite.
Es wird die Zeit gestoppt, wie lange es dauert, bis alle Schafe abgeschlagen sind. Danach werden die Mannschaften getauscht.

KOOPERATIONSSTAFFELN

BANDWURMSTAFFEL

Zwei oder mehrere Mannschaften stellen sich wie folgt auf:
Die Kinder stehen in einer Reihe und geben jeweils dem dahinterstehenden Kind die rechte Hand durch die gegrätschten Beine, dem davor stehenden Kind die linke Hand durch dessen gegrätschten Beine.
In dieser Form müssen Hindernisse umgangen werden.

WEICHBODENSTAFFEL

Jede Mannschaft hat einen Weichboden, den sie auf eine bestimmte Art zu einem Ziel befördern muß z.B. durch
- Umklappen,
- Schieben,
- Tragen,
- Draufspringen zum Vorwärtsrutschen der Matte.

WENIGFÜSSLER

Die festgelegten Mannschaften sollen jeweils gemeinsam zu einem Ziel gelangen, indem sie so wenig Füße wie möglich auf den Boden setzen.

TAUSENDFÜSSLER

Die Mannschaften stellen sich paarweise auf. Jeweils ein Paar soll sich mit vorgegebener Anzahl von Händen und Füßen zum Ziel bewegen, z.B. mit
- 4 Füßen und 2 Händen,
- 4 Händen und 2 Füßen,
- 2 Händen und 1 Fuß.

KÄFER

Die jeweiligen Mannschaften setzen sich paarweise Rücken an Rücken zusammen und sollen sich so zum Ziel bewegen.

FRISBEE - SPIELE

PLATZ-WECHSEL

Kreisaufstellung:
Die Frisbee-Scheibe wird einem anderen Kind zugeworfen. Das jeweils werfende Kind läuft der Scheibe hinterher und nimmt den Platz des fangenden Kindes ein.

TIGER-FRISBEE

Kreisaufstellung
Ein Kind steht als Tiger in der Kreismitte und versucht, die Scheibe zu fangen, die sich die anderen Kinder zuwerfen. Gelingt ihm das, wird das Kind, das geworfen hatte, zum Tiger (Platztausch).

ZIELWERFEN

Stationen zum Zielwerfen mit der Frisbee-Scheibe:

- Bälle von Kästen herunterwerfen
- durch aufgehängte Reifen werfen,
- in den Basketball-Korb werfen,
- in einen umgedrehten kleinen Kasten werfen,
- auf eine Matte werfen.

MANNSCHAFTS-FRISBEE

(Variation von Handball)
Zwei Mannschaften mit jeweils einem Tor (Matte, Kasten).
Jede Mannschaft versucht, die Frisbee-Scheibe ins gegnerische Tor (Matte, Kasten) zu bringen.
Dabei darf die Scheibe zugeworfen werden, jedoch nicht auf den Boden oder ins Aus fallen, sonst bekommt die gegnerische Mannschaft einen Freiwurf.
Mit der Scheibe in der Hand dürfen nur 3 Schritte gelaufen werden.

BALLSPIELE

LEBENDIGES ZIEL

Zwei Mannschaften stehen sich jeweils in ihrem Feld gegenüber. Jede Mannschaft bestimmt für sich ein Kind als "lebendiges Ziel", ohne es mitzuteilen. Die jeweils gegnerische Mannschaft versucht nun, durch geschicktes Abwerfen, das "lebendige Ziel" der anderen Mannschaft herauszufinden.

ZEHNERFANGEN

Zwei Mannschaften, ein Ball.
Jede Mannschaft muß zehn Ballwechsel hintereinander schaffen. Wer einen Ball in der Hand hat, darf nicht laufen. Gleichzeitig versucht die andere Mannschaft, den Ball abzufangen.

ÜBERRASCHUNGSBALL

Variation von Ball über die Schnur.
Als Trennlinie zwischen zwei Mannschaften wird eine "Mauer" aus Weichböden aufgestellt. Mehrere Bälle (je nach Anzahl der Kinder) werden über die Mauer geworfen. Fällt ein Ball zu Boden, bedeutet dies ein Minuspunkt für diese Mannschaft.

HASE UND JÄGER

Die "Hasen" verteilen sich sitzend in der Halle. Ein "Jäger" jagt mit dem Ball einen Hasen. Der Hase kann sich vor dem Jäger retten, wenn er sich neben einen anderen Hasen auf den Boden setzt. Dieser Hase wird dann zum Jäger, der Jäger zum Hasen.

DREI-FELDER-BALL

2 Mannschaften A und B werden gebildet.

Niemandsland
A 2
B
A1

Mannschaft A teilt sich in das Feld A1 = Werfer und das Feld A2 = Fänger.
Mannschaft B versucht, Bälle abzufangen, die die Werfer A1 über das Feld von Mannschaft B zu den Fängern A2 werfen.
B bzw. A2 legen die gefangenen Bälle in ein umgekehrtes Kastenteil am Rande des Feldes.
Bälle, die im Niemandsland landen, gehören niemand.
Sind alle Bälle geworfen wird gezählt, wer die meisten Bälle im Kasten hat.
Danach ist Mannschaftstausch.

BALL ÜBER DIE SCHNUR MIT HANDTÜCHERN

Zwei Mannschaften stehen in jeweils einem Feld, das in der Mitte durch eine Schnur getrennt ist. Innerhalb der Mannschaft halten jeweils 2 Kinder ein Handtuch, mit dem sie versuchen, den Ball über die Schnur ins gegnerische Feld zu werfen, bzw. den Ball mit dem Handtuch aufzufangen. Fällt ein Ball im Feld zu Boden, erhält diese Mannschaft einen Minuspunkt.

PUSH-BALL TREIBEN

In der Mitte eines Feldes - markiert durch zwei Bänke - liegt ein großer Push-Ball.
Zwei Mannschaften stehen jeweils hinter einer Bank und versuchen, durch gezielte Würfe mit kleinen Bällen den Pushball an die Bank der gegnerischen Mannschaft zu treiben.

VERTRAUENSSPIELE

VERTRAUENSKREIS

Ein Kind steht als Pendel im Kreis, und schließt die Augen. Es wird von den Kindern sanft hin und her gependelt.

SCHOSS - SITZEN

Kreisaufstellung, alle schauen in eine Richtung.
Die Hände werden auf die Schultern des davorstehenden Kindes gelegt. Auf ein Kommando setzen sich alle gleichzeitig auf den Schoß des dahinter stehenden Kindes.

GOOFY

Die Kinder bewegen sich mit geschlossenen Augen im Raum und sollen Goofy finden. Der Übungsleiter oder die Übungsleiterin bestimmt während dessen heimlich ein Kind als Goofy. Dieses kann sehen, darf aber nicht sprechen. Sobald ein Kind auf ein anderes trifft, muß es fragen: "Goofy?" bekommt es ein fragendes "Goofy" zur Antwort, ist Goofy nicht gefunden.
Bekommt es keine Antwort, hat es Goofy gefunden. Es kann die Augen öffnen und schließt sich Goofy an. So wird die "Goofy-Schlange" immer länger.

2. PARTNERSPIELSTATIONEN

Die folgenden Partnerspielstationen können beliebig zu einem kleinen Parcours zusammengestellt werden.
An jeder Station liegt ein Blatt mit der Spielanleitung evtl. mit Skizze (siehe nachfolgende Seiten), so wissen die Kinder gleich, was sie tun sollen.
Die erzielten Punkte werden auf einem gemeinsamen Spielplan eingetragen.

DOPPELSTABFANGEN

Legt auf zwei Stäbe einen Ball, hebt das Ganze hoch und haltet es waagrecht. Durch Öffnen der Stäbe fällt der Ball auf den Boden, jetzt fangt ihr den Ball durch Schließen der Stäbe wieder auf. Ihr habt 3 Versuche.

1 Punkt - 1x Ball aufgefangen
2 Punkte - 2x Ball aufgefangen
3 Punkte - 3x Ball aufgefangen

(Foto: A.Krawietz)

HÄNGEBALL

Einer von euch hängt mit den Händen an einer Reckstange, die Füße berühren den Boden nicht. Der andere wirft einen Gymnastikball so, daß ihn der Hängende mit den Beinen fangen kann. Ihr dürft 9 mal versuchen.

1 Punkt - 2x gültig gefangen
2 Punkte - 4x gültig gefangen
3 Punkte - 6x gültig gefangen

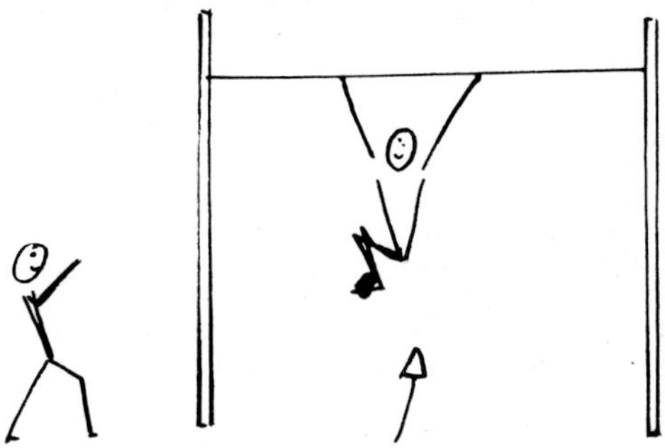

BLINDENSLALOM

Einer von euch bekommt die Augen verbunden und wird als "Blinder" vom "Sehenden" durch einen Slalomkurs (Kegel aufstellen) durch Zurufe gelotst.
Ihr habt zusammen 3 Versuche.

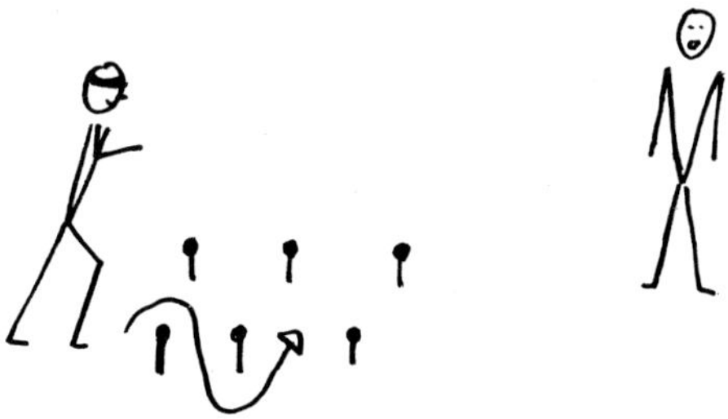

1 Punkt - 1 mal fehlerfrei
2 Punkte - 2 mal fehlerfrei
3 Punkte - 3 mal fehlerfrei

INDIACAPASSEN

Ihr steht beide auf einem kleinen Kasten, die 4 m auseinanderstehen. Versucht, euch einen Indiaca, sooft wie ihr es schafft, mit der flachen Hand zuzuspielen.
Keiner darf den Kasten verlassen, der Indiaca darf nicht auf den Boden fallen.
Ihr habt 5 Versuche.

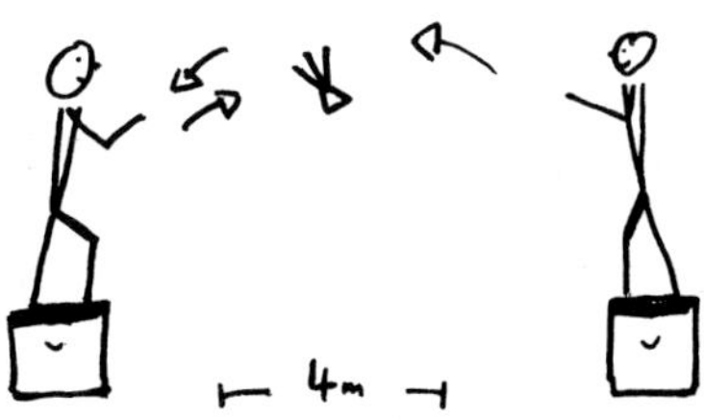

1 Punkt - 6 Kontakte
2 Punkte - 12 Kontakte
3 Punkte - 18 Kontakte

SEILFÄHRE

Ihr sitzt zu zweit mit 3 Bällen auf einem Rollbrett und sollt alle 3 Bälle, ohne sie vom Brett zu verlieren, transportieren, indem ihr euch am Tau entlang zieht.
Die vorgegebene Strecke muß 3x bewältigt werden.

1 Punkt - 2 Bälle verloren
2 Punkte - 1 Ball verloren
3 Punkte - keinen Ball verloren

(Foto: A.Krawietz)

KORBBALL

Jeder von euch hat 3 Versuche, den Ball im Korb zu versenken. Geworfen wird von der markierten Linie aus (in Korbständer oder Basketballkorb an der Wand).

1 Punkt - 1 oder 2 Treffer
2 Punkte - 3 oder 4 Treffer
3 Punkte - 5 oder 6 Treffer

FRISBEE - RINGWURF

Ihr habt 3 Würfe, um den Ring über den Stab zu werfen. Geworfen wird von der markierten Linie.

1 Punkt - 1 oder 2 Treffer
2 Punkte - 3 oder 4 Treffer
3 Punkte - 5 oder 6 Treffer

ZWEIER PEDALO

Ihr steht auf je einem Pedalo hintereinander (Hüftfassung) und müßt 3x die vorgegebene Strecke bewältigen.
Am Wendepunkt heißt es schnell rumdrehen, ohne Absteigen!

1 Punkt - 3x absteigen
2 Punkte - 2x absteigen
3 Punkte - 1x absteigen

3. ROLLBRETTER ALS SPIELGERÄTE

FREIES AUSPROBIEREN

VERSCHIEDENES FAHREN ALLEINE

Bauchlage:
- mit den Händen vorwärts und rückwärts schieben,
- wie ein Karusell drehen,

Rückenlage:
- mit den Füßen vor- und rückwärts bewegen,

Sitz:
- mit den Füßen fortbewegen,
- wie ein Karusell drehen,

Fersensitz:
- mit den Händen vor- und rückwärts bewegen.

Vorgabe:
Nicht stehend auf dem Rollbrett fahren! UNFALLGEFAHR!

VERSCHIEDENES FAHREN ZU ZWEIT

- Ein Kind zieht, schiebt das andere, das auf dem Rollbrett liegt, sitzt oder kniet,
- ein Kind sitzt auf dem Rollbrett, das andere schiebt mit einem Fuß auf dem Brett an -- Rollerfahren!
- beide Kinder sitzen Rücken an Rücken auf dem Rollbrett und versuchen, sich fortzubewegen.

VERSCHIEDENES FAHREN ZU ZWEIT MIT GERÄTEN

Ein Kind liegt, sitzt oder kniet auf dem Rollbrett, das andere zieht es mit Hilfe eines Seiles, Stabes oder Gymnastikreifens.

GRUPPENFAHREN - ZUGFAHREN

Jedes Kind hat ein Rollbrett. Alle reihen sich in Bauchlage hintereinander auf und legen ihre Füße auf die Schultern des dahinter befindlichen Kindes. So setzt sich der komplette Zug im Bewegung.

Variation
Die Kinder bilden einen Kreis und fahren so im Kreis herum.

SPIELAUFGABEN ZU ZWEIT MIT EINEM BRETT

BLINDES FAHREN

Ein Kind sitzt auf dem Rollbrett und gibt Kommandos: "Rechts!", "Links!", "Vorwärts!", "Rückwärts!", - während das andere schiebt.

Variation
Zur optischen Wahrnehmung: Kommandos durch Zeichen angeben,
zur taktilen Wahrnehmung: ein Kind liegt auf dem Brett in Bauchlage, das zweite gibt ihm die Richtung an durch Berühren, z.B. rechte Schulter - nach rechts, linke Schulter - nach links, Kopf - vorwärts, Po - rückwärts.

VOR- UND NACHFAHREN

Ein Kind fährt auf einem bestimmten Raum z.B. eine Figur , eine Zahl, einen Buchstaben, das andere Kind soll dies beobachten und anschließend nachfahren.

KLEINE SPIELE MIT ROLLBRETTERN

Prinzipiell sind fast alle "Kleinen Spiele" mit dem Rollbrett möglich - hier können auch gut körperbehinderte Kinder einbezogen werden, ggf. Variationen vereinbarten, z.B.
z.B.
- Atomspiel,
- Schwarz-Weiß bzw. Tag-Nacht,
- Nachlaufspiele, z.B. Kettenfangen,
- Platzsuchspiele,
- Octopus,
- Schwarzer Mann,
- "Fischer, Fischer wie tief ist das Wasser",
- Verkehrsspiele,
- Geteiltes Paar,
- Farbspiele.

KRAKEN - NACHLAUF

Jeweils zwei Kinder sitzen Rücken an Rücken auf dem Rollbrett und bewegen sich durch die Halle. Ein Fängerpaar versucht, ein anderes zu fangen und wird dadurch abgelöst.

FEUER, WASSER, ERDE, STEIN

Jedes Kind hat ein Brett, alle fahren durcheinander.
Auf den Ruf:

"Feuer"	fahren alle in die Ecken,
"Wasser"	fahren alle zum Weichboden und legen sich dort drauf,
"Erde"	fahren alle in die Raummitte und stellen sich in einer Reihe auf,
"Stein"	bleiben alle still stehen.

Variation
Zwischen den Rufen fahren die Kinder weiter im Raum z.B. rückwärts, in Bauchlage, im Sitz, im Kniesitz.

BALLABGABE IN BESTIMMTER NAMENSREIHENFOLGE

Am Anfang wird die Reihenfolge festgelegt, z.B. Ulla-Peter-Klaus... Alle Kinder fahren auf ihrem Rollbrett kreuz und quer durch die Halle. Ulla spielt den Ball zu Peter, Peter zu Klaus u.s.w.

HASE UND JÄGER

Alle "Hasen" fahren mit ihren Rollbrettern in der Halle herum, ein "Jäger" versucht mit einem Ball einen Hasen abzuwerfen. Dieser wird ebenfalls zum Jäger und erhält einen weiteren Ball.

STAFFEL - SPIELE

MANNSCHAFTSSTAFFEL

Jede Mannschaft hat ein Rollbrett
Aufgaben:
- eine bestimmte Strecke mit Wendepunkten fahren (verschiedene Positionen auf dem Brett).
- Slalom-Parcours durchfahren.
- durch einen Tunnel (2 Bänke mit Matten obenauf) fahren.
- Nr.1 fährt zu einem bestimmten Punkt, läßt das Rollbrett dort und läuft zurück, Nr.2 läuft zum Rollbrett und fährt zurück.

PARTNERSTAFFEL

Einer sitzt, der andere schiebt oder eine sitzt, die andere zieht (vgl. verschiedenes Fahren zu zweit). So müssen bestimmte Strecken überwunden werden.

TRANSPORTSTAFFEL

3 Keulen stehen auf einem Rollbrett. Es muß so eine bestimmte Strecke geschoben werden, ohne daß die Keulen umfallen.

MANNSCHAFTS - SPIELE

SITZ - FUSSBALL

Alle sitzen auf ihrem Rollbrett und spielen sich den Ball mit den Füßen zu.

Variation
Zwei Mannschaften bilden und auf Tore schießen.

ZEHNERBALL

Zwei Mannschaften bilden.
Jede Mannschaft versucht, im Ballbesitz zu bleiben und jeweils 10 Ballwechsel zu vollziehen. Die Gegenmannschaft versucht ihrerseits, den Ball in Besitz zu nehmen.

ROLLHANDBALL

Zwei Mannschaften werden gebildet, die einzelnen Spielerinnen und Spieler liegen in Bauchlage auf dem Rollbrett und spielen sich mit der Hand den Ball zu. Als Tor gilt die ganze Hallenwand (Schmalseite).

SCHLÄGERBALL

Alle sitzen auf ihrem Brett und haben einen Tischtennisschläger bzw. Speckbrett oder Holzschläger. Gespielt wird mit einem Tennisball oder Softball als Partnerspiel oder Mannschaftsspiel.

TRANSPORT - SPIELE

SEILFÄHRE I

Ein Kind sitzt auf einem Rollbrett und hält ein Tau fest. Am anderen Ende des Taus steht ein Kind/eine Gruppe von Kindern und zieht die "Fähre" über den "Fluß".

<u>Variation</u>
- Das Kind sitzt in einem umgedrehten kleinen Kasten auf dem Brett.
- Das Kind auf dem Rollbrett muß während der Fahrt Gegenstände aus dem Fluß "fischen" und einsammeln.
- Das Kind muß sich selbst am straff gehaltenen Tau über den "Fluß" ziehen.

SEILFÄHRE II

Aus mehreren Rollbrettern und Kastenoberteilen, die verbunden werden, wird ein großes Schiff gebaut, in das alle hineinpassen.
An der gegenüberliegenden Sprossenwand wird ein Tau befestigt. Nun muß sich die ganze Gruppe gemeinsam über den "Fluß" ziehen.

BAUARBEITER

Allein oder zu zweit müssen mit einem Rollbrett verschiedene "Baumaterialien" von einer "Baustelle" zur anderen transportiert werden.

FAHRZEUGE BAUEN

AUFGABE FÜR ALLE

"Versucht, mit mehreren Rollbrettern ein Fahrzeug zu bauen, auf dem ihr alle Platz habt. Benutzen könnt ihr z.B. Matten, Bänke, Kästen, Kastenteile, alles was ihr findet!"Beispiele:
- Bank (evtl. umgedreht) auf zwei Rollbretter stellen,
- Kastendeckel umgedreht auf zwei Rollbretter stellen,
- kleiner Kasten umgedreht auf ein Rollbrett stellen,
- aus mehreren Kasten-Rollbrett-Fahrzeugen eine Eisenbahn bauen (Kästen aneinanderbinden).

WEICHBODEN AUF MEHREREN ROLLBRETTERN

Spielvorschläge:
- Alle sitzen auf dem Gefährt und versuchen es ohne abzusteigen vorwärts zu bewegen,
- Gruppe A schiebt, Gruppe B sitzt auf dem Gefährt,
- Gruppe A sitzt auf dem Gefährt und hält sich an einem Tau oder mehreren Hüpfseilen fest, mit denen Gruppe B zieht,
- Karussell: Gruppe B sitzt, liegt auf dem Gefährt, das Gruppe A dreht.
- 2-4 Kinder nehmen Anlauf und werfen sich bäuchlings auf das Gefährt, das sich möglichst weit dabei fortbewegen soll.

Variation
Staffel mit 2 Weichboden-Gefährten.
2 Gruppen stehen sich in großem Abstand gegenüber, dazwischen das Gefährt.
Einmal nimmmt Gruppe A Anlauf, dann Gruppe B. So wird das Gefährt immer hin und hergeschoben.

ROLLBRETT UND PEDALO

Einer liegt in Bauchlage auf dem Rollbrett und benutzt das Pedalo als "Motor", das er mit den Händen bewegt.

ROLLBRETT UND RINGE/TAUE

Einer sitzt auf dem Rollbrett unter den Ringen oder Tauen, an denen er sich festhält, um Schwung zu holen.

PARCOURS BAUEN

SCHIEFE BAHN:
2 Bänke in die Sprossenwand einhängen, auf der anderen Seite auf ein Sprungbrett am Boden auflegen und mit einer Matte abschließen oder statt Sprungbrett Matten treppenartig an die Bänke legen.

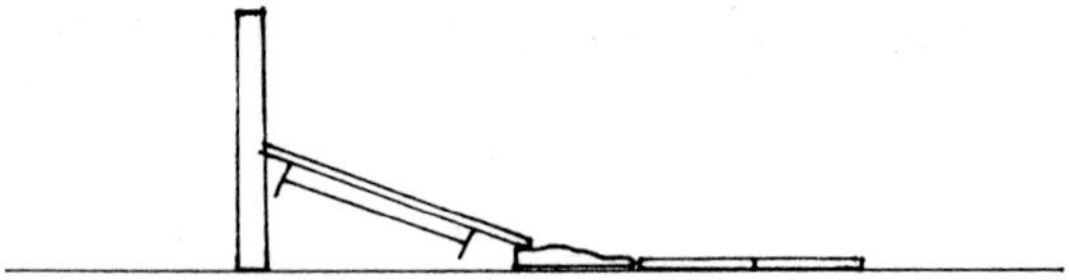

(Matten stoppen die Geschwindigkeit)

HÜGEL:

Zwei zusammengestellte Sprungbretter

TUNNEL:

Zwei Turnbänke, obenauf Matten legen

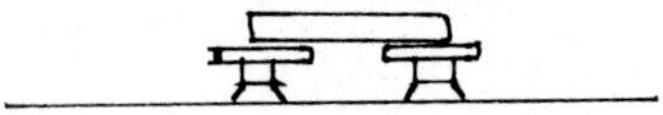

HÖHLE:

Über Kästen und Böcke einen Fallschirm legen,

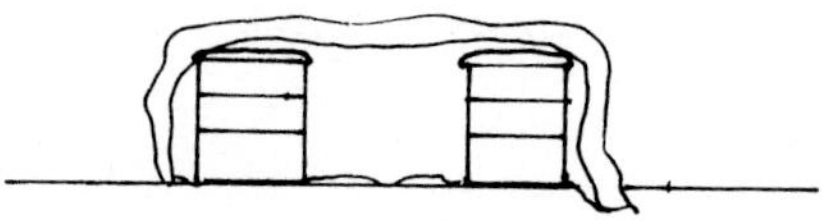

SLALOM:

Hütchen als Markierung oder Hürdenständer

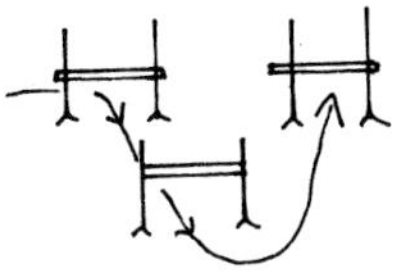

NOTSPRUNG:

Auf einen Weichboden zufahren und auf ihn abspringen.

GEMEINSAME SPIELE IM PARCOURS:

- Verkehrsspiel,
- Expedition in schwieriges Gelände,
- Material-Transport.

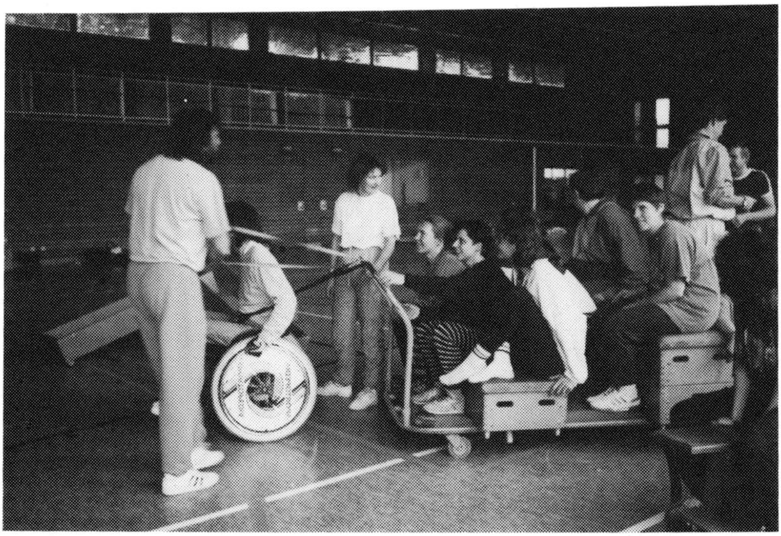

(Foto: A.Krawietz)

4. ABENTEUER - SPIELPLATZ

SEILFÄHRE

Ein Tau wird z.B. zwischen Reckstange und Sprossenwand geknotet. Die Kinder ziehen sich - auf einem Rollbrett sitzend - am Tau entlang.
Tip:
Ein Rollbrett kann selbstgebaut werden, mit einem Sprungbrett, das auf die Rollen vom Schwebebalken festgebunden wird.

(Foto: A.Krawietz)

STEILWAND

Weichboden hochkant an die Sprossenwand binden, ein Tau oben festknoten, das als Aufstiegshilfe dient.

FLUMMI
Die Kinder springen vom 1. Mini-Trampolin über einen kleinen Kasten zum 2.Mini-Trampolin, und auf den Weichboden.

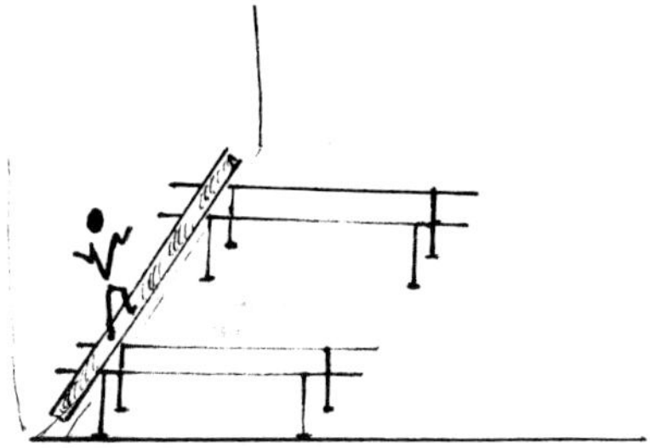

EIGER - NORDWAND

Vor eine Wand werden zwei Barren geschoben. Auf die Barrenholme wird -parallel zur Wand- ein Balken (z.B. Teil des "Lüneburger Schlegels")festgebunden. Die Kinder gehen an der Wand entlang über den Querbalken.

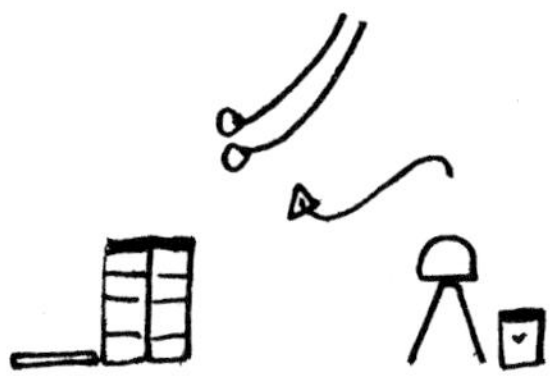

TARZAN

Die Kinder schwingen vom Bock aus an den Ringen auf die Kasten-fläche.

<u>Variation</u> Beim Schwingen einen Ball zwischen die Beine klemmen.

LEBENDER WURFBALL

Partner-Übung
Ein Kind, das geworfen wird, steht mit dem Rücken vor einem doppelten Weichboden. Es stellt seinen Fuß in die gefalteten Hände (mit ausgestreckten Armen) des ihm gegenüberstehenden Kindes und wird von diesem auf die Matte geworfen.

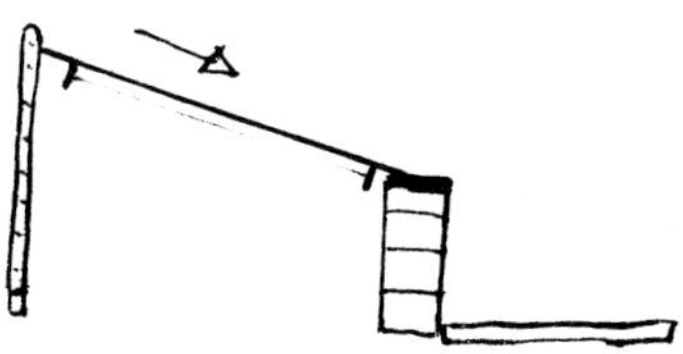

HOHE RUTSCHE

Eine Bank oben in die Sprossenwand einhängen und auf der anderen Seite auf einen Kasten auflegen. Dahinter liegt eine Matte als "Sprunggrube".

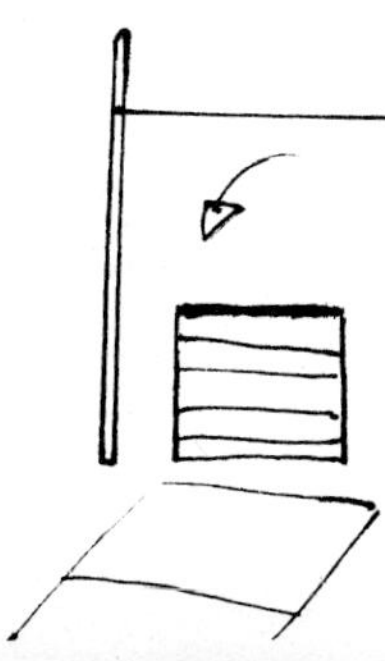

MUTSCHWUNG

Die Kinder schwingen von der hohen Reckstange ab auf einen Weichboden. Der Kasten dient als Aufstiegs-hilfe.

5. HALLEN - MINIGOLF

Als Minigolfschläger werden Hockey-Schläger benutzt.
Als Minigolfbälle werden Tennisbälle oder Pucks genommen.
Jeder hat an einer Station 3 Versuche.

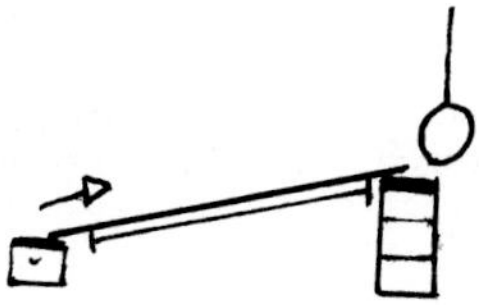

1. REIFENBAHN
Von einem kleinen Kasten aus soll der Puck über eine schiefe Ebene (Bank) in den Reifen (an Tauen, Ringen aufgehängt) geschlagen werden.

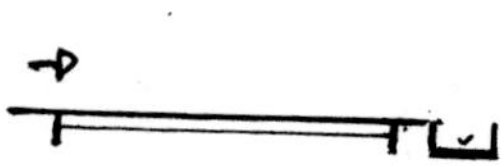

2. PUCKFALLEN
Der Puck soll über die Bank in einen umgedrehten kleinen Kasten gespielt werden.

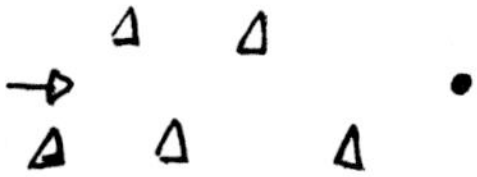

3. HÜTCHENBANK
Der Puck muß zwischen Hütchen (Joghurtbechern) durch in ein Loch gespielt werden:
Einsteckbuchsen für Volleyballständer, Reckstangen usw.
Tip:
In das Loch einen großen Joghurtbecher stellen, zur besseren Ballaufnahme!

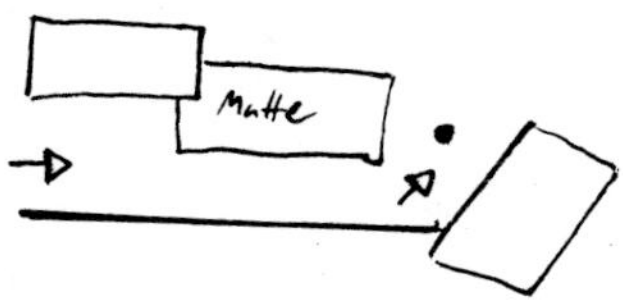

4. ZICK - ZACK BAHN
Mit Matten und/oder umgelegten Bänken Bahnen markieren.

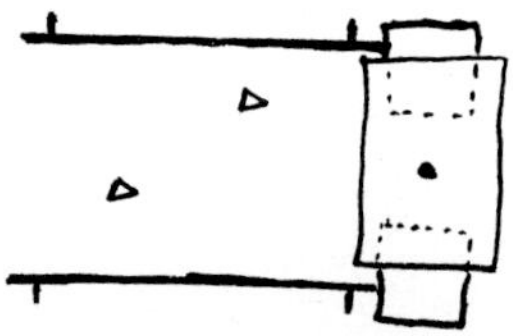

5. TUNNELBAHN
Über ein Loch (Einsteckbuchse) wird ein Tunnel gebaut aus 2 kleinen Kästen und einer Matte. Mit 2 Bänken wird die Bande markiert, 2 Joghurtbecher sind zusätzliche Hindernisse.

6. AKROBATIK

Die Grundvoraussetzungen der Akrobatik sind Körperspannung, Kraft und Konzentration also ein tolles Körpertraining! Das Erlebnis durch die gemeinsame Aktivität fördert die Kooperation untereinander.
In der Akrobatik kann jeder irgendwie mit einbezogen werden, z.B. als Hilfestellung, Stütze oder als zu "Tragender". Auch der Rollstuhl kann integriert werden als Stützfläche.

Beim Üben ist unbedingt darauf zu achten, daß die Stütz- bzw. Auflagefläche nie die labile Wirbelsäule (insbesondere Lendenwirbelsäule) belastet, sondern der ganzen Rücken oder der Schultergürtel und das Becken als Auflagefläche, -punkte benutzt werden.
Die beiden Zeichnungen verdeutlichen dieses Prinzip nocheinmal:

Es sollte immer in 3er oder 4er Gruppen geübt werden, damit genügend Hilfestellungen geleistet werden können.

KÖRPERSPANNUNG ODER "BIN ICH NOCH TRAGBAR"

VOM LEICHTEN ZUM SCHWEREN:

PENDEL

A und B "Pendeln" C hin und her

BAUMSTAMM

B hebt den völlig angespannten Körper von A an den Beinen hoch (Kerze)

BAUMSTAMM TRAGEN

A und B tragen C im
Stützgriff oder Klammergriff.

TRAGEN

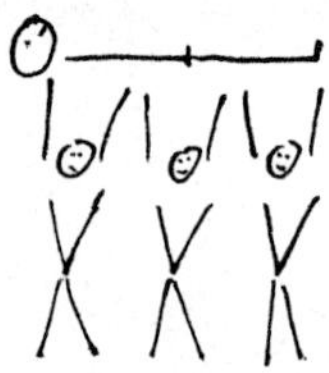

3 heben 1 über den Kopf.

STAND AUF OBERSCHENKEL

(Foto: Ch.Krawietz)

BANKSTELLUNG

(Foto: A.Krawietz)

FLIEGER

FUSS - SITZ

SCHULTERSTAND ZWISCHEN DEN OBERSCHENKELN

Foto: Ch.Krawietz

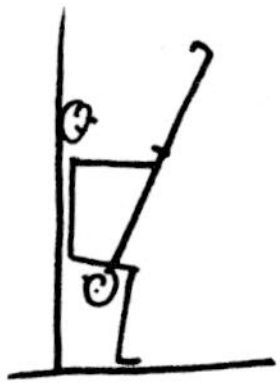

↑

Variation

<- A in Bankstellung
B sitzt auf dem Becken
von A
C turnt Schulterstand auf
Oberschenkel von B.

ACHTUNG! WICHTIG BEI ALLEN ÜBUNGEN!

- Körperspannung aufbauen!
- Kommando geben!
- Hilfestellung geben!
- sicheren Stand suchen!
- nicht plötzlich abspringen - langsam auflösen!

PYRAMIDE

3ER PYRAMIDE

A und B in Bankstellung,
C steht auf Becken von
A und B.

6ER PYRAMIDE

Alle Akrobaten sind in der Bankstellung.
Stützfläche für die Hände sind die Schultern des "Untermannes" und für die Knie das Becken.

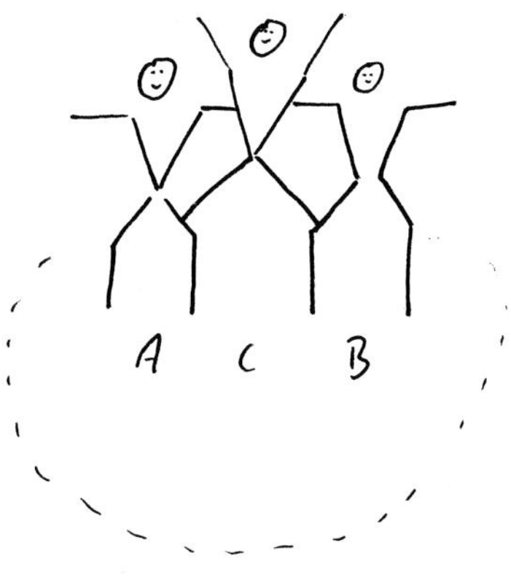

KREISPYRAMIDE

C steht auf den Oberschenkeln von A und B, die breitbeinig mit gebeugten Beinen stehen. Die Oberschenkel dürfen nicht zu steil sein, sonst rutscht C mit den Füßen ab.
A und B halten C hinter dem Rücken fest!

A N H A N G

* LITERATURVERZEICHNIS (KOMMENTIERT)

* ADRESSEN VON MUSIK-VERLAGEN (KINDERKASSETTEN)

* MATERIAL-LISTE MIT VORSCHLÄGEN ZUR ANSCHAFFFUNG VON GEEIGNETEN SPORT- UND SPIELMATERIALIEN

* BEZUGADRESSEN FÜR SPORT-MATERIALIEN

* ZU DEN AUTORINNEN

LITERATURVERZEICHNIS (kommentiert)

BLUMENTHAL, E.: Bewegungsspiele für Vorschulkinder, Schorndorf 1981 (4. Auflage)
Inhalt: traditionelle Spiele, gut geeignet für den Anfangsteil.

BLUMENTHAL, E.: Vorschulturnen an Geräten, Schorndorf 1982 (4. Auflage)
Inhalt: Vorschläge für Geräte-Aufbauten.

BLUMENTHAL, E.: Kooperative Bewegungsspiele, Schriftenreihe zur Leibeserziehung Bd. 191, Schorndorf 1987

BRINCKMANN, A.;SPIEGEL, E.:Freizeitsport mit Jugendlichen, Reinbeck 1986
Inhalt: Theoretische Hintergründe und Praxis-Projekte.

BUCHER, W.(Hrsg.): 1010 Spiel- und Übungsformen für Behinderte (und Nichtbehinderte).
Inhalt: Schwimmen, Gymnastik, Spiele (auch mit Alltagsmaterialien), Sitzball, Gruppenfederball.

CANACAKIS, S. u.a.: Wir spielen mit unseren Schatten. Reihe rororo: Mit Kinder leben, Reinbek 1986
Inhalt: Anregungen und Spielvorschläge für Schattenspiele - gut geeignet für ältere Kinder.

DACHALE, H.;BLECKMANN, D.: Manege frei - wir sind dabei. Zirkusspiele in Kindergruppen von 3-7, Offenbach 1988
Inhalt: Sehr gute Vorschläge zum Thema Zirkus, leicht umsetzbar.

DEUTSCHE TURNERJUGEND (Hrsg.): Eltern-Kind Turnen, Celle 1988
Inhalt: Theoretische Hintergründe und Praxisvorschläge: Fingerspiele, Phantasiespiele, Kleine Spiele, Spielformen mit Turnmatten, mit Alltagsmaterialien, mit Handgeräten, an Großgeräten.

DÖBLER, E.u.H.: Kleine Spiele, Berlin 1983
Inhalt: Große Sammlung traditioneller kleiner Spiele.

EHNI, H.;KRETSCHMER J.;SCHERLER, K.H.: Spiel und Sport mit Kindern, Reihe rororo: Schulsport Praxis, Reinbek 1985
Inhalt: Theoretische Hintergründe (schulbezogen), Praxisvorschläge.

EHRLICH, P.;HEINEMANN, K.: Bewegungsspiele für Kinder, Dortmund 1986
Inhalt: Spiele zur visuellen, akustischen, taktilen Wahrnehmung, zu Motorik, Sprache, Sozialverhalten.

FRIEDRICH, S.; FRIEBEL, K.: Entspannung für Kinder Reihe rororo: Mit Kindern leben, Reinbek 1989
Inhalt: Entspannungs - Geschichten.

Grabowiecki, U.: "Akrobatik" in Zeitschrift "Sportpädagogik" 11(1987) 3,S.56-59

HAMBURGER SPORTJUGEND (Hrsg.),: Spielekarren ... und dann machen wir mal anders Sport, Hamburg 1984
Inhalt: 10 Stundeneinheiten mit Spielen und Gerätekombinationen, z.B. Sprungbahnen, Mattenberg, Bewegungsbaustelle, Zirkus, Ideen im Wasser (preisgünstig !).

HAMBURGER TURNERJUGEND (Hrsg.),: Bewegungserziehung im Vorschulalter, Hamburg 1988 (3. Auflage)
Inhalt: Spiele und Geräteaufbauten.

HUISMAN, B. u. G.: Akrobatik, Reihe rororo Sport, Reinbek 1988

JOST, E. (Hrsg.): Spielanregungen-Bewegungsspiele. Reihe rororo Schulsport Praxis, Reinbek 1985
Inhalt: Geeignete Spielvorschläge für das Grundschulalter, Themen wie Marionetten, Dracula, Zirkus, Regelspiele, Verfolgen-Fangen-Treffen; Spiele erfinden; Schlagballspiele.

KIPHARD, E.J.: Psychomotorik in Praxis u.Theorie, Gütersloh, Dortmund 1989
Inhalt: Theoretische Hintergründe zur Psychomotorik und Motopädagogik, Erläuterungen zu den Anwendungsgebieten in der Prävention, Haltungs- und Gesundheitserziehung,bei motorischen Leistungsschwächen, verbunden mit Praxisbeispielen sowie Zirkusaktivitäten als erweiterte Lerninhalte.

MERTENS, K.: Körperwahrnehmung u.Körpergeschick Psychomotorische Entwicklungsförderung Bd. 4, Dortmund 1986
Inhalt: Vorschläge für Übungen mit Kindern im Alter von 1 Tag bis 6 Jahren (nach Alter) zu Körperwahrnehmung und Körpergeschick, viele Anregungen zum Thema Körpergefühl, nicht nur für die Turnhalle.

MIEDZINSKI, K.: Die Bewegungsbaustelle, Dortmund 1987
Inhalt: Anregungen zum Bau von Bewegungsgeräten mit Kindern mit Materialien wie LKW-Schläuche, Bretter, Kisten, Drainagerohre u.a.; sehr gut verwendbar im Außengelände z.B. von Kindertagesstätten.

MITTERBAUER, G.;SCHMIDT, G.:300 Bewegungsspiele, Innsbruck 1987 (2. Auflage)
Inhalt: Spielvorschläge für ältere Kinder und Jugendliche zu den Bereichen: Fangspiele, Partnerspiele,Gruppenspiele, Abenteuerspielstunden, Olympische Spiele, Toto-Spiele; praktische Informationen über Zielsetzung und Organisationen.

MÜLLER, E.: Du spürst unter deinen Füßen das Gras, Frankfurt/M. 1983
Inhalt: Autogenes Training mit Märchen zum Entspannen und Träumen.

MÜLLER, E.: Auf der Silberlichtstraße des Mondes, Frankfurt/M 1985
Inhalt: Autogenes Training in Phantasie- und Märchenreisen.

REINER, T. u. W.: Yoga für Katzen, München 1990
Inhalt: Yoga-Übungen für Kinder, dargestellt durch gelungene Zeichnungen von Katzen.

TREBELS, A. (Hrsg.): Spielen und Bewegen an Geräten, Reihe rororo Schulsport Praxis, Reinbek 1983
Inhalt: Gerätekombinationen in Theorie und Praxis

TREESS, H. u. U.; MÖLLER, M.: Soziale Kommunikation und Integration, Dortmund 1990
Psychomotorische Entwicklungsförderung, Band 7
Inhalt: Theoretische Einführung und viele praktische Anregungen für spielerische Gruppenaktivitäten in der Turnhalle, Beispiele für Geräteaufbauten und themenbezogene Spielideen, z.B. Schatzsuche, Vampirjagd, Sumpfüberquerung

WEISS, K. (Hrsg.): Füße im Wind, Bewegung mit Kindern, Offenbach 1984
Inhalt: Vielseitige, erlebnisorientierte Spielideen zur Bewegungserfahrung mit anschaulicher Theorie zur (Bewegungs-) Entwicklung von Kindern, Vorschläge für Gymnastik von Kopf bis Fuß, Rückenspiele, Fußspiele, Rhythmusspiele, Entspannungsübungen, thematische Bewegungsspiele.

WILCOX, C.: Spiele für körperbehinderte Kinder. Reihe rororo: Mit Kindern leben, Reinbek 1991
Inhalt: Spiele-Sammlung für integrative Sportgruppen, die besonders auf die Bedürfnisse körperbehinderter Kinder ausgerichtet ist: Kooperations- und Vertrauensspiele, Musikspiele, Spaßspiele, Staffelspiele, Lauf- und Fangspiele, Ballspiele, Wettbewerbsspiele, Sportspiele.

ZIMMER, R. CICURS, H.: Psychomotorik, Schriftenreihe zur Praxis der Leibeserziehung und des Sports Bd.190, Schorndorf 1987
Inhalt: neue Ansätze im Sportförderunterricht und Sonderturnen zur Körper-, Material- und Sozialerfahrung, Schwerpunkte; Gleichgewicht, Dauerlauf Haltungsgefühl, Hüpf- und Hinkelspiele, Bewegungslandschaft für`s Rollbrettfahren.

ZIMMER, R.: Kreative Bewegungsspiele,Psychomotorische Förderung im Kindergarten, Freiburg i.B. 1989
Inhalt: anschauliche Theorie zur Bedeutung der Bewegungserfahrung für die kindliche Entwicklung und zur Einbindung der Bewegungserziehung im Kindergartenalltag. Viele Spiel-Ideen zur Körper- ,Material- und Sozialerfahrung (u.a. mit Alltagsmaterialien).

ADRESSEN VON MUSIK - VERLAGEN (KINDER - KASSETTEN)

Fidula-Fon-Verlag,
Postfach 1240,
56136 Boppard am Rhein

Impulse-Verlag,
Ludger Edelkötter, Naturp. 21,
48317 Drensteinfurt

Menschenkinder Musikverlag,
An der Kleimannbrücke 91a
48157 Münster

Kinderkassetten „Pläne"
Patmas Verlag GmbH
Am Wehrhahn 100
40211 Düsseldorf

BEZUGSADRESSEN FÜR SPORT - MATERIALIEN

UND PSYCHOMOTORISCHE ÜBUNGSGERÄTE

Holz-Hoerz
Postfach 1103
72521 Münsingen / Württemberg

Tel.: 07381 / 1569

Karl H. Schäfer GmbH
Psychomotorische Übungsgeräte
Großer Kamp 6 - 8
32791 Lage-Heiden/Lippe

Tel.: 05232 / 65982

Sport-Thieme
Helmstedter Str. 40
38368 Grasleben bei Helmstedt

Tel.: 05357 / 18181

Fratufa
Postfach 1444
67204 Frankenthal/Pfalz

Tel.: 06233 / 72179

MATERIAL - LISTE MIT VORSCHLÄGEN ZUR ANSCHAFFUNG GEIGNETER SPORT- UND SPIELMATERIALIEN

Materialien	**Bezugsquelle ***
Rollbrett "Flizzi"	Schäfer GmbH (oder Holz-Hoerz)
Doppel-Pedalo	Schäfer GmbH (oder Holz-Hoerz)
Baumwolltuch Schwungtuch	Sport-Thieme
Bodenquadrate "Flauschis"	Schäfer GmbH
Baumwolltücher	Schäfer GmbH
Spielwürfel (Schaumstoff)	Schäfer GmbH
Sandsäckchen	Schäfer GmbH
Schleuderhorn	Schäfer GmbH (oder Spielwarenladen)
Schaumstoff-Bausteine	Schäfer GmbH
Hockey-Fuß (für PVC-Gymnastikstäbe) Hockey-Puck	Schäfer GmbH

Therapie-Kreisel	Schäfer GmbH
Stab-u.Reifenhalter Stab-u.Reifenklammer	Schäfer GmbH
Bälle: Pezzi-Gymnastikball Zeitlupenball Riesenluftballons Igelball (Massageball) Hüpfball	Schäfer GmbH (auch Spielwarenladen)
Soft-Frisbee	Schäfer GmbH
Chiffon-Tücher	Spielwarenladen
Kriechtunnel	Ikea

* Die genannte Bezugsquelle bietet diese Artikel zum günstigen Preis an

ZU DEN AUTORINNEN

Christine Krawietz, Am Aulenberg 12, 64331 Weiterstadt, Tel.: 06150-15964

Christine Krawietz, Sportwissenschaftlerin mit den Studienschwerpunkten: Sport in Prävention und Rehabilitation, ist z.Zt. als Sportpädagogin für den Bereich Bewegungserziehung im Sportkindergarten der Sportgemeinde Weiterstadt tätig. Seit 1979 leitete sie als Übungsleiterin mehrere Kinder-Turn-Gruppen in Frankfurter Sportvereinen und baute u.a. zwei integrative Freizeitsportgruppen auf. Zwei Jahre war sie in einem integrativen Kindergarten in Wiesbaden im Aufgabenbereich Bewegungserziehung/Psychomotorik tätig. Beim Integrationssport-Projekt der Sportjugend Hessen arbeitete sie in verschiedenen Bereichen mit, u.a. als Referentin bei Fortbildungsseminaren. Sie verfügt über die Zusatzqualifikation „Motopädagogik" des Aktionskreises Psychomotorik e.V.

Annette Krawietz, Langheckenweg 25, 60433 Frankfurt/Main, Tel.: 069-515219

Annette Krawietz, Sportwissenschaftlerin mit den Studienschwerpunkten: Sport in Prävention und Rehabilitation, ist z.Zt. in verschiedenen Sportvereinen und Institutionen als Übungsleiterin bzw. Lehrbeauftragte für Sport und Bewegungserziehung und Gesundheitssport tätig. Seit 1979 leitete sie mehrere Turn- und Freizeitgruppen für Kinder, Jugendliche und Senioren u.a. im Rahmen eines Kooperations-Projektes Kindergarten - Sportverein in Frankfurt-Eschersheim. Sie verfügt über die Zusatzqualifikation „Motopädagogik" des Aktionskreises Psychomotorik e.V.

Marianne Rohr, Groß-Umstädter-Str. 24, 64823 Groß-Umstadt-Semd, Tel.: 06078-7453

Marianne Rohr, Sozialpädagogin, war mehrere Jahre im Bereich Freizeitpädagogik für Kinder und Jugendliche tätig. Von Oktober 1987 bis Dezember 1990 arbeitete sie als Referentin für Integrationssport bei der Sportjugend Hessen.
Im Rahmen des Integrationssport-Projektes wurden u.a. in mehreren Sportvereinen integrative Freizeitsportgruppen für behinderte und nichtbehinderte Kinder und Jugendliche verschiedener Altersgruppen aufgebaut und begleitet, integrative Jugendfreizeiten sowie Fortbildungsseminare zum integrativen Freizeitsport durchgeführt. Aufgrund der Erfahrungen dieser Modell-Maßnahmen sind Arbeitsmaterialien zur Unterstützung von Übungsleiterinnen und Übungsleitern erstellt worden, die integrative Freizeitsportgruppen aufbauen wollen.
Ab 1990 arbeitete sie als Lehrbeauftragte an der Evangelischen Fachhochschule Darmstadt, Fachbereich Sozialpädagogik.

NOTIZEN

NOTIZEN

NOTIZEN

NOTIZEN

Fortbildungen

Die Sportjugend Hessen bietet regelmäßig Fortbildungen zur Bewegungsförderung (auch integrativ) im Elementar- und Primarbereich an.

Wir informieren Sie gerne.

Sportjugend Hessen
Rainer Seel
Integrationssport
Otto-Fleck-Schneise 4

60528 Frankfurt

Tel.: 069/6789-246

Sportjugend Hessen
Stephan Schulz-Algie
Sport - Bewegung - Umwelt
Otto-Fleck-Schneise 4

60528 Frankfurt

Tel.: 069/6789-218

Veröffentlichungen der Sportjugend Hessen

• Reihe: Anstösse/Frankfurter Materialien zur Sportentwicklung und Jugendpolitik

Anstösse 1: P. Becker/J. Schreiber: Wie flexibel ist der Sport? Arbeitszeitflexibilisierung und Sportpolitik, 1990, 52 S., geh. *(vergriffen)*

Anstösse 2: Svea Speike-Bardorff: Integration durch Sport. Förderung Lernbehinderter und Verhaltensgestörter in Schule und Sport, 1992, 88 S. geb. *(vergriffen)*

Anstösse 3: Sportjugend Hessen: Perspektiven der Jugendarbeit im Sport. 1992, 128 S. geb. *(vergriffen)*

Anstösse 4: Sportjugend Hessen: Jugend und Gewalt, 1992, 60 S. geh. *(vergriffen)*

Anstösse 5: P. Becker/U. Fritsch/ J. Schreiber: Schule und Sportverein. Zur Neuorientierung des Sportverständnisses für die Anforderungen der heutigen Zeit, 1994, 120 S. geb. *

Anstösse 6: Sportjugend Hessen: Sportbezogene Sozialarbeit in Europa. Entwicklungsstand und Perspektiven einer sportbezogenen Sozialarbeit in Europa, 1995, 87 S., geb. *

• Reihe: Tips für Jugendleiterinnen und Jugendleiter

Tips 4: Bildungs- und Freizeitstätten mit Sportmöglichkeiten, 1990, 2. Auflage 1993, 40 S., geh. *

Tips 5: Bewegung Kunterbunt. Spiel und Sport für behinderte und nichtbehinderte Kinder, 1993, 10. Auflage 1996, 136 S., geb. ***

Tips 6: Verein(t) gegen Fremdenfeindlichkeit. Materialien für die Jugendarbeit im Sport gegen Fremdenfeindlichkeit und Gewalt, 1994, 112 S., geb. *

Tips 7: Bewegung in den Kindergarten. Materialien für die Arbeit mit Kindern im Sport, 1994, 89 S., geb. *

Tips 8: Hoppla. Entwicklungsfördernde Bewegungsangebote unter psychomotorischen Gesichtspunkten, 1996, 2. Auflage 1996, 128 S. geb., ***

Tips 9: Vereinsjugend in Aktion. Materialien für die Kinder- und Jugendarbeit im Sport, 1997, 128 S. geb., **

Tips 10: Heut' bin ich Pirat. Konzept- und Praxisideen für Bewegungsangebote im Kindergarten, 1997, 136 S., geb. ***

• Reihe: Dokumente

Dokumente 1: Sport für alle - Sport mit AussiedlerInnen. Projektjahresbericht, 1991, 136 S., geh. *(vergriffen)*

Dokumente 2: Integrativer Freizeitsport. Abschlußprojektbericht, 1991, 136 S., geb. *

Dokumente 3: Sport auf dem Land. Projektbericht, 1991, 160 S., geb. **

Dokumente 4: Jugend und Sport. Dokumentation der Sitzung des Hauptausschusses des lsb h am 17.08.1991, 1992, 63 S., geb. *(vergriffen)*

Dokumente 5: Kein Sport für alle - zur alltäglichen Gewalt gegen Frauen im Sport. Abschlußbericht des Projektes "OTTO", 1992, 80 S., geb. **

Dokumente 6: Zwischen Lust und Leistung. Welche Formen der Bewegung suchen Jugendliche im Sport? 1993, 88 S., geb. *

Dokumente 7: Sport als Integrationshilfe? Zu Lebenssituation und Bedürfnissen von Kindern und Jugendlichen aus Aussiedlerfamilien, 1993, 144 S. geb. *

Dokumente 8: Kinder im Sportverein. Konzeptionelle Überlegungen zur Kinderarbeit in den Sportvereinen auf dem Hintergrund der Modernisierungsprozesse von Kindheit, 1995, 96 S., geb. *

- **Sportsfun-Materialien**

Sportsfun-Broschüre: Freizeitsport mit jungen Menschen. 26 Sportsfun-Praxisbeispiele für die Vereinsjugendarbeit, 1996, 82 S., geh. ***

Praxismappe Tanzen: Sportjugend Hessen (Mitherausgeberin): Einführung in eine kreative Tanzerziehung, 1996, 216 S., Ringordner ****

Praxismappe Praktisch für die Praxis: Sportjugend Hessen (Mitherausgeberin): Arbeitshilfen für die Jugendarbeit im Sport, 1996, Ringordner *****

Praxismappe Ballspiele. Sportjugend Hessen (Mitherausgeberin): Ballspiele im Breiten- und Freizeitsport, 1997, Ringordner, ****

- **Periodica**

Sportjugend aktuell, vierteljährlich, kostenlos
Jahresprogramm: Sportjugend Hessen, kostenlos

Stückpreis

*	DM 5,00
**	DM 10,00
***	DM 15,00
****	DM 25,00
*****	DM 30,00

zzgl. Porto und Versand

Bestellungen bitte nur schriftlich an: Sportjugend Hessen, Otto-Fleck-Schneise 4, 60528 Frankfurt/M., Fax: 069/69590175